团 体 标 准

公路特大桥梁供配电系统设备状态评估规程

Condition Assessment Procedures for Power Supply System Equipments of Highway Grand Bridges

T/CHTS 10014—2019

主编单位：江苏中压电气工程集团有限公司
发布单位：中国公路学会
实施日期：2019 年 10 月 09 日

图书在版编目(CIP)数据

公路特大桥梁供配电系统设备状态评估规程：T/CHTS 10014—2019 / 江苏中压电气工程集团有限公司主编. — 北京：人民交通出版社股份有限公司，2019.9
 ISBN 978-7-114-15849-0

Ⅰ.①公… Ⅱ.①江… Ⅲ.①公路桥—特大桥—供电系统—评估—规程—中国②公路桥—特大桥—配电系统—评估—规程—中国 Ⅳ.①U448.14-65

中国版本图书馆 CIP 数据核字(2019)第 215692 号

标准类型：团体标准
Gonglu Tedaqiaoliang Gong-Peidian Xitong Shebei Zhuangtai Pinggu Guicheng
标准名称：公路特大桥梁供配电系统设备状态评估规程
标准编号：T/CHTS 10014—2019
主编单位：江苏中压电气工程集团有限公司
责任编辑：郭红蕊　韩亚楠
责任校对：孙国靖　扈　婕
责任印制：张　凯
出版发行：人民交通出版社股份有限公司
地　　址：(100011)北京市朝阳区安定门外外馆斜街 3 号
网　　址：http://www.ccpress.com.cn
销售电话：(010)59757973
总 经 销：人民交通出版社股份有限公司发行部
经　　销：各地新华书店
印　　刷：北京市密东印刷有限公司
开　　本：880×1230　1/16
印　　张：4.75
字　　数：150 千
版　　次：2019 年 9 月　第 1 版
印　　次：2019 年 9 月　第 1 次印刷
书　　号：ISBN 978-7-114-15849-0
定　　价：280.00 元

(有印刷、装订质量问题的图书由本公司负责调换)

中国公路学会文件

公学字〔2019〕100 号

中国公路学会关于发布《公路特大桥梁供配电系统设备状态评估规程》的公告

现发布中国公路学会标准《公路特大桥梁供配电系统设备状态评估规程》(T/CHTS 10014—2019),自 2019 年 10 月 9 日起实施。

《公路特大桥梁供配电系统设备状态评估规程》(T/CHTS 10014—2019)的版权和解释权归中国公路学会所有,并委托主编单位江苏中压电气工程集团有限公司负责日常解释和管理工作。

中国公路学会
2019 年 9 月 16 日

前 言

我国公路特大桥梁数量众多，供配电系统相对复杂、设备运行环境恶劣、维护难度较大。为适应公路特大桥梁的管养要求，根据公路特大桥梁供配电系统实际情况，有针对性地开展了设备状态评估工作的相关尝试。经深入调查研究、总结实践经验，并在广泛征求意见的基础上，编制本规程。

本规程按照《中国公路学会标准编写规则》（T/CHTS 10001—2018）编制。本规程主要技术内容包括：总则、术语和符号、评估要求、状态评估、评估结果应用以及附录。

规程实施过程中，请将发现的问题和对规程的意见、建议反馈至江苏中压电气工程集团有限公司（地址：江苏省南京市汉中路 180 号星汉大厦 26 楼 C、D 座；联系电话：025-86662902；电子邮箱：34935711@qq.com），供修订时参考。

本规程由江苏中压电气工程集团有限公司提出，受中国公路学会委托，由江苏中压电气工程集团有限公司负责具体解释工作。

主编单位：江苏中压电气工程集团有限公司

参编单位：江苏交通控股有限公司、安徽省交通控股集团有限公司、宁波市杭州湾大桥发展有限公司、中交公路规划设计院有限公司、中设设计集团股份有限公司、北京交科公路勘察设计研究院、江苏润扬大桥发展有限责任公司、重庆市城市建设投资（集团）有限公司、重庆市城投路桥管理有限公司、湖北联合交通投资开发有限公司

主要起草人：蔡泽斌、吴赞平、段海澎、王金权、孟凡超、戴明星、翁双安、杨根成、张立奎、王立山、张维苏、周正兴、王艳艳、刘晓娣、乔梅梅、张志明、钱立峰、胡涛、曹佰杨、曹威、钱凤翔、徐永明、王承海、戴俊祥、胥通斌

主要审查人：王晓曼、颜静仪、马俊峰、吴宏波、翁垒、何勇、郑腾鲲、周海涛、包左军、高阳

目　次

1 总则 ··· 1
2 术语和符号 ··· 2
　2.1 术语 ·· 2
　2.2 符号 ·· 4
3 评估要求 ·· 5
　3.1 状态信息与试验 ·· 5
　3.2 整体设备、设备单元及部件划分 ·· 15
　3.3 评估原则 ··· 15
4 状态评估 ·· 17
　4.1 部件评估 ··· 17
　4.2 单元评估 ··· 17
　4.3 整体评估 ··· 21
5 评估结果应用 ·· 23
附录 A(规范性附录)　设备单元状态评估评分表 ·· 24
附录 B(资料性附录)　设备单元状态评估报告范本 ··· 52
附录 C(资料性附录)　整体设备状态评估报告范本 ··· 62
用词说明 ·· 67

公路特大桥梁供配电系统设备状态评估规程

1 总则

1.0.1 为规范公路特大桥梁供配电系统设备状态评估工作，增强设备检修工作的针对性和有效性，确保供配电系统的安全可靠运行，制定本规程。

1.0.2 本规程适用于35kV及以下公路特大桥梁供配电系统设备状态评估工作。

条文说明：我国公路特大桥梁供配电系统设备额定电压一般均在35kV及以下。本规程也只对供配电系统主要设备提出评估要求，不包括电力监控系统设备。

1.0.3 设备状态评估包括定期评估和动态评估。定期评估特别重要设备每年一次，重要设备每两年一次，一般设备每三年一次。动态评估应根据设备状况、运行工况、环境条件等因素适时开展。

条文说明：参照《配电网运维规程》（Q/GDW 1519—2014）第10.3.2条规定和《大型公路桥梁中压配电系统技术条件》（JT/T 823—2019）第10.1条规定编制。根据设备故障造成的停电影响范围，将公路特大桥梁供配电系统中的设备分为特别重要设备、重要设备和一般设备三类。特别重要设备有中压电源进线开关设备和控制设备、总降压电力变压器或中压隔离变压器等；重要设备有中压开关设备和控制设备、中压馈电电缆线路及电缆分支箱、中压配电变压器和预装式变电站等；一般设备有低压开关设备和控制设备、低压馈电电缆线路及电缆分支箱等。

1.0.4 设备状态评估应基于巡检记录、试验数据、在线监测数据、工况、家族缺陷、维护记录等状态信息，分析其现象强度、量值以及发展趋势，结合同类设备的比较，做出综合判断。

1.0.5 设备状态评估除应符合本规程规定外，尚应符合有关法律、法规及国家、行业现行有关标准的规定。

2 术语和符号

2.1 术语

2.1.1 设备状态量 equipment condition criteria

直接或间接表征设备状况的各类信息,如数据、声音、图像、现象等。

2.1.2 设备状态 equipment condition

按设备组成部件及其状态量评估情况,对设备状态做的分类。分为正常、注意、异常、严重及危险五种状态。

2.1.3 正常状态 normal condition

设备状态量处于稳定且在规程规定的标准限值以内,设备可以正常运行。

2.1.4 注意状态 attention condition

设备状态量出现劣化,但未超过标准限值,不影响设备运行。

2.1.5 异常状态 abnormal condition

设备状态量劣化较大,达到或略超过标准限值,有可能发展到严重状态,但设备仍能继续运行。

2.1.6 严重状态 serious condition

设备状态量严重劣化,已超过标准限值,设备只能短期运行。

2.1.7 危险状态 dangerous condition

设备状态量严重异常,远超过标准限值,设备需要立即停运。

2.1.8 设备状态评估 assessment for equipment condition

依据设备巡检记录、试验数据、在线监测数据、工况、家族缺陷、维护记录等,对设备的当期状态开展的综合分析评价工作。

2.1.9 总降压电力变压器 main step-down transformer

将电力系统提供的交流电源进线电压降为供配电系统内部配电电压(中压)的电力变压器。

2.1.10 中压隔离变压器 medium voltage isolating transformer

输入绕组与输出绕组在电气上彼此隔离且输入电压与输出电压均为中压的电力变压器。

2.1.11 中压配电变压器 medium voltage distribution transformer

由较高电压(中压)降至最末级配电电压,直接做配电用的电力变压器。

2.1.12 油浸式变压器 liquid-immersed type transformer

铁心和绕组浸在绝缘液体(油)中的变压器。

2.1.13 干式变压器 dry-type transformer

铁心和绕组不浸在绝缘液体(油)中的变压器。

2.1.14 组合式变压器 combined transformer

变压器本体一次侧装有中压电缆插入式终端、中压限流熔断器、温度保护装置,二次侧采用低压电缆引出的密封式配电变压器。

2.1.15 埋地式变压器 buried transformer

可安装在地面以下专用井内的组合式变压器,防护等级为IP68。

2.1.16 开关设备和控制设备 switchgear and controlgear

开关装置及其相关的控制、测量、保护和调节设备的组合,以及这些装置和设备同相关的电气连接、辅件、外壳和支撑件的总装的总称,俗称开关柜。

2.1.17 电缆线路 cable line

由电缆、附件、附属设备及附属设施所组成的整个系统。

2.1.18 电缆分支箱 cable branch box

完成配电系统中电缆线路的汇集和分接功能,但一般不具备控制测量等二次辅助配置的专用电气连接设备。

2.1.19 巡检 routine inspection

定期进行的为获得设备状态量的巡视检查和带电检测。

2.1.20 例行试验 routine test

定期进行的为获取设备状态量的各种停电试验。

2.1.21 诊断性试验 diagnostic test

巡检、例行试验等发现设备状态不良,或经受了不良工况,或家族缺陷警示,或连续运行了较长时间,为进一步评估设备状态进行的试验。

2.1.22 不良工况 undesirable service condition

设备在运行中经受的、可能对设备状态造成不良影响的各种工况。

2.1.23 家族缺陷 family defect

设备安装运行前由设计、材质、制造工艺等因素引起的设备缺陷。

2.1.24 初值 initial value

代表状态量原始值的试验值,包括出厂值、交接试验值、早期试验值、大修后试验值等。

2.1.25 初值差 initial value difference

状态量的当前测量值偏离初值的程度,用当前测量值与初值之差相对于初值的百分数表示。

2.1.26 注意值 attention value

状态量达到该数值时,设备可能发展为缺陷或可能存在缺陷。

2.1.27 警示值 warning value

状态量达到该数值时,设备已存在缺陷并有可能发展为故障。

2.1.28 总降压变电站 main step-down substation

将电力系统提供的交流电源进线电压降为供配电系统内部配电电压(中压)的变电站。

2.1.29 中压开关站 medium voltage switching station

由上级变电站直接中压供电,对电能进行再分配的配电设备及土建设施的总称。中压开关站内必要时可附设中压隔离变压器或配电变压器。

2.1.30 环网单元 ring main unit

用于中压电缆线路分段、联络及分接负荷的配电装置,也称环网柜。

2.1.31 配电变电所 distribution substation

设有中压开关柜、配电变压器、低压开关柜及无功补偿装置,为低压用电设备配送电能的户内配电场所。

2.1.32 预装式变电站 prefabricated substation

预装的并经过型式试验的成套设备,包括配电变压器、中压开关设备和控制设备、低压开关设备和控制设备、中压和低压内部连接线、辅助设备和回路等元件(功能)及外壳,也称箱式变电站。

2.2 符号

P——设备部件代号;

M_p——设备某一部件的最后评估得分,$p=1,\cdots,n$;

m_p——设备某一部件的基础得分,$p=1,\cdots,n$;

K_F——家族缺陷系数;

K_T——寿命系数;

T——设备运行年数;

k——调整系数;

K_p——设备某一部件的分值权重系数,$p=1,\cdots,n$;

M——设备单元的最后评估得分。

3 评估要求

3.1 状态信息与试验

3.1.1 设备状态信息包括投运前信息、运行信息、检修试验信息和其他信息，具体内容如下：

1 设备投运前信息主要包括设备技术说明书、出厂试验报告、到货验收记录、交接试验报告、安装验收记录、新（改、扩）建工程有关图纸等纸质和电子版资料信息。

2 设备运行信息主要包括设备运行属性（如设备归属、运行编号等）、设备巡视记录、维护记录、故障跳闸记录、缺陷和消缺记录、在线监测和带电检测数据以及不良工况等信息。

3 检修试验信息主要包括例行试验报告、诊断性试验报告、缺陷及故障记录、检修报告及设备技术改造等信息。

4 其他信息主要包括设备家族缺陷和设备运行环境信息等。

3.1.2 应综合运用巡检、例行试验和诊断性试验等手段获取设备状态信息。设备巡检、例行试验通常按周期进行，诊断性试验只在诊断设备状态时有选择地进行。

3.1.3 总降压电力变压器巡检、例行试验和诊断性试验项目、周期及状态要求见表 3.1.3-1～表 3.1.3-3。

表 3.1.3-1 总降压电力变压器巡检项目、周期及状态要求

巡检项目	周期	状态要求
外观	1 个月	外观无异常，接地端子无松动，安全防护措施齐全；油位正常、无油渗漏（仅对油浸式变压器）
绕组温度和油温（仅对油浸式变压器）		符合设备技术说明书之要求
冷却系统		油浸式变压器散热器无异物附着或严重积污；干式变压器冷却系统的风扇运行正常，出风口无异物附着
噪声及振动		无异常
最大负荷		30min 最大负荷不超过额定值
呼吸器干燥剂（仅对油浸式变压器）		呼吸器呼吸正常，干燥剂有 1/3 以上处于干燥状态
接地装置		接地装置完整、正常

表 3.1.3-2 总降压电力变压器例行试验项目、周期及状态要求

例行试验项目	周期	状态要求
红外测温	6 个月	变压器箱体、储油柜、套管（仅对油浸式变压器）、引线接头及电缆等温升、温差无异常，诊断方法符合现行《带电设备红外诊断应用规范》（DL/T 664）的有关规定
绕组连同套管的直流电阻	4 年	直流电阻同相绕组初值差、各相绕组相间互差符合现行《电气装置安装工程 电气设备交接试验标准》（GB 50150）的有关规定

表 3.1.3-2（续）

例行试验项目	周 期	状 态 要 求
绕组连同套管的绝缘电阻	4 年	绝缘电阻与吸收比符合现行《电气装置安装工程 电气设备交接试验标准》(GB 50150)的有关规定
铁心及夹件的绝缘电阻		绝缘电阻符合现行《电气装置安装工程 电气设备交接试验标准》(GB 50150)的有关规定
有载调压切换装置的检查和试验	1～3 年	符合现行《电气装置安装工程 电气设备交接试验标准》(GB 50150)的有关规定
非电量保护装置	4 年	1) 测温装置数据无异常；气体保护装置动作正确，压力释放装置符合要求（仅对油浸式变压器）； 2) 绝缘电阻不低于 1MΩ
油中溶解气体分析（仅对油浸式变压器）	2 年	油中溶解气体含量符合现行《电气装置安装工程 电气设备交接试验标准》(GB 50150)的有关规定
绝缘油例行试验（仅对油浸式变压器）	4 年	外观视觉、击穿电压、水分、介质损耗因数、酸值、油中气体含量等符合现行《电气装置安装工程 电气设备交接试验标准》(GB 50150)的有关规定
接地电阻	1) 首次：投运后 3 年内； 2) 6 年	共用接地系统按最小值，且不大于初值的 1.3 倍

表 3.1.3-3 总降压电力变压器诊断性试验项目及状态要求

诊断性试验项目	状 态 要 求
空载电流及空载损耗	1) 与前次测量结果相比，不应有明显差异； 2) 三相变压器两个边相空载电流差异不超过 10%； 3) 空载损耗无明显变化
短路阻抗	初值差不超过 ±3%（注意值）
所有分接的电压比	符合现行《电气装置安装工程 电气设备交接试验标准》(GB 50150)的有关规定
感应耐压试验带局部放电测量	符合现行《电气装置安装工程 电气设备交接试验标准》(GB 50150)的有关规定
交流耐压试验	交流耐受电压符合现行《电气装置安装工程 电气设备交接试验标准》(GB 50150)的有关规定
绝缘油诊断性试验（仅对油浸式变压器）	界面张力、抗氧化剂含量、体积电阻率、油泥与沉淀物、颗粒数、油的相容性等符合现行《电气装置安装工程 电气设备交接试验标准》(GB 50150)的有关规定

条文说明：依据《电气装置安装工程 电气设备交接试验标准》(GB 50150—2016)第 8 章，并参照《输变电设备状态检修试验规程》(DL/T 393—2010)第 5.1 节和《输变电设备状态检修试验规程》(Q/GDW 1168—2013)第 5.1 节和

第5.3节,结合公路特大桥梁供配电系统实际情况和管养要求编制,缩短了巡检周期。

3.1.4 中压隔离变压器(干式)巡检、例行试验和诊断性试验项目、周期及状态要求见表3.1.4-1～表3.1.4-3。

表3.1.4-1 中压隔离变压器(干式)巡检项目、周期及状态要求

巡检项目	周期	状态要求
外观检查	1个月	外观无异常;防护外壳完好,安全标识或措施齐全
绕组温度		符合设备技术说明书之要求
冷却系统		冷却系统的风扇运行正常,出风口无异物附着
接地装置检查		接地装置应有防锈层及明显的接地标志
噪声及振动		无异常
最大负荷		30min最大负荷不超过额定值
接地装置		接地装置完整、正常

表3.1.4-2 中压隔离变压器(干式)例行试验项目、周期及状态要求

例行试验项目	周期	状态要求
红外测温	6个月	变压器引线接头及电缆等温升、温差无异常,诊断方法符合现行《带电设备红外诊断应用规范》(DL/T 664)的有关规定
绕组直流电阻	3年	直流电阻同相绕组初值差、各相绕组相间互差符合现行《电气装置安装工程 电气设备交接试验标准》(GB 50150)的有关规定
绕组绝缘电阻		绝缘电阻符合现行《电气装置安装工程 电气设备交接试验标准》(GB 50150)的有关规定
铁心及夹件的绝缘电阻		绝缘电阻符合现行《电气装置安装工程 电气设备交接试验标准》(GB 50150)的有关规定
测温装置及其二次回路绝缘电阻		1)指示正确,测温电阻应和出厂值相符; 2)绝缘电阻不低于1MΩ
接地电阻	1)首次:投运后3年内; 2)6年	共用接地系统按最小值,且不大于初值的1.3倍

表3.1.4-3 中压隔离变压器(干式)诊断性试验项目及状态要求

诊断性试验项目	状态要求
所有分接的电压比	符合现行《电气装置安装工程 电气设备交接试验标准》(GB 50150)的有关规定
空载电流测量	1)与上次测量结果相比,不应有明显差异; 2)三相变压器两个边相空载电流差异不超过10%
感应耐压试验带局部放电测量	符合现行《电气装置安装工程 电气设备交接试验标准》(GB 50150)的有关规定
交流耐压试验	交流耐受电压符合现行《电气装置安装工程 电气设备交接试验标准》(GB 50150)的有关规定

条文说明：依据《电气装置安装工程 电气设备交接试验标准》(GB 50150—2016)第8章，并参照《输变电设备状态检修试验规程》(Q/GDW 1168—2013)第5.3节，结合公路特大桥梁供配电系统实际情况和管养要求编制，缩短了巡检周期。

3.1.5 配电变压器巡检、例行试验和诊断性试验项目、周期及状态要求见表3.1.5-1～表3.1.5-3。

表3.1.5-1 配电变压器巡检项目、周期及状态要求

巡检项目	周期	状态要求
外观	1个月	1) 外观无异常，测温装置正常； 2) 防护外壳完好，安全措施齐全； 3) 标识规范，变压器命名、编号、警示标识等完好、正确、清晰； 4) 无渗漏油（对油浸式变压器）
绕组温度		符合设备技术说明书之要求
冷却系统		油浸式变压器散热器无异物附着或严重积污；干式变压器冷却系统的风扇运行正常，出风口无异物附着
接地装置		接地装置正常、完整
噪声及振动		无异常
最大负荷		1) 30min最大负荷不超过额定值； 2) 不平衡率：Dyn11接线不大于25%，中性线电流不大于变压器额定电流的40%

表3.1.5-2 配电变压器例行试验项目、周期及状态要求

例行试验项目	周期	状态要求
红外测温	6个月	变压器引线接头及电缆等温升、温差无异常，诊断方法符合现行《带电设备红外诊断应用规范》(DL/T 664)的有关规定
绕组直流电阻	6年	直流电阻同相绕组初值差、各相绕组相间互差符合现行《电气装置安装工程 电气设备交接试验标准》(GB 50150)的有关规定
绕组及套管绝缘电阻		绝缘电阻符合现行《电气装置安装工程 电气设备交接试验标准》(GB 50150)的有关规定
非电量保护装置绝缘电阻		绝缘电阻不低于1MΩ
绝缘油耐压试验（仅对油浸式变压器）		符合现行《电气装置安装工程 电气设备交接试验标准》(GB 50150)（不含全密封变压器）的有关规定
接地电阻	1) 首次：投运后3年内； 2) 6年	共用接地系统按最小值，且不大于初值的1.3倍

表3.1.5-3 配电变压器诊断性试验项目及状态要求

诊断性试验项目	状态要求
所有分接的电压比	初值差不超过±0.5%（额定分接位置）、±1.0%（其他分接）（警示值）

表 3.1.5-3（续）

诊断性试验项目	状 态 要 求
空载电流及空载损耗测量	1）与上次测量结果相比，不应有明显差异； 2）空载损耗无明显变化
交流耐压试验	符合现行《电气装置安装工程　电气设备交接试验标准》（GB 50150）的有关规定

条文说明：依据《电气装置安装工程　电气设备交接试验标准》（GB 50150—2016）第8章，并参照《配网设备状态检修试验规程》（DL/T 1753—2017）第13章，结合公路特大桥梁供配电系统实际情况和管养要求编制，缩短了巡检周期。

3.1.6 中压开关柜巡检和例行试验项目、周期及状态要求见表3.1.6-1、表3.1.6-2。

表 3.1.6-1　中压开关柜巡检项目、周期及状态要求

巡检项目	周　期	状 态 要 求
外观	1个月	1）外观无异常，高压引线连接正常，绝缘件表面完好； 2）无异常放电声音，设备无凝露，加热器或除湿装置处于完好状态； 3）试温蜡片无脱落或测温片无变色； 4）标识规范，开关柜的命名、编号、警示标识等完好、正确、清晰； 5）带电显示器显示正常，开关防误闭锁完好，柜门关闭正常，油漆无剥落； 6）柜内照明正常； 7）开关柜前后无杂物； 8）防小动物、防火、防水、通风措施完好； 9）模拟图或一次接线图与现场一致
气体压力值（对SF6充气柜）	1个月	气体压力表指示正常
操动机构状态		1）操动机构合、分指示正确； 2）加热器功能正常（每半年）
电源设备		1）交直流电源、蓄电池电压、浮充电流正常； 2）蓄电池等设备外观正常，接头无锈蚀，无渗液、老化，状态显示正常
接地装置		接地装置完整、正常
测量仪表		显示正常
构架、基础		正常，无裂缝

表 3.1.6-2　中压开关柜例行试验项目、周期及状态要求

例行试验项目	周　期	状 态 要 求
红外测温	6个月	母线与电缆接头温升、温差无异常，诊断方法符合现行《带电设备红外诊断应用规范》（DL/T 664）的有关规定
超声波局部放电测试和暂态地电压测试	1）特别重要设备6个月； 2）重要设备1年	无异常放电

9

表 3.1.6-2（续）

例行试验项目	周 期	状 态 要 求
绝缘电阻	1）特别重要设备 3 年； 2）重要设备 6 年	符合现行《电气装置安装工程 电气设备交接试验标准》（GB 50150）的有关规定
每相导电回路的电阻		不大于初值的 1.5 倍（注意值）
交流耐压试验		符合现行《电气装置安装工程 电气设备交接试验标准》（GB 50150）的有关规定
动作特性及操动机构试验		符合现行《电气装置安装工程 电气设备交接试验标准》（GB 50150）的有关规定
控制、测量等二次回路绝缘电阻		绝缘电阻不低于 2MΩ
联锁、"五防"装置检查		符合设备技术说明书和"五防"要求
接地电阻	1）首次：投运后 3 年内； 2）6 年	共用接地系统按最小值，且不大于初值的 1.3 倍

条文说明：依据《电气装置安装工程 电气设备交接试验标准》（GB 50150—2016）第 10、11、14 章，并参照《配网设备状态检修试验规程》（DL/T 1753—2017）第 14 章，结合公路特大桥梁供配电系统实际情况和管养要求编制，缩短了巡检周期。公路特大桥梁总降压变电站若设置有中压并联电容器，其巡检和例行试验可参照《配网设备状态检修试验规程》（DL/T 1753—2017）第 11.1 节和第 11.2 节规定执行。

3.1.7 低压开关柜或配电箱巡检和例行试验项目、周期及状态要求参见表 3.1.7-1、表 3.1.7-2。

表 3.1.7-1 低压开关柜或配电箱巡检项目、周期及状态要求

巡 检 项 目	周 期	状 态 要 求
外观	1 个月	1）外观无异常，低压引线连接正常，绝缘件表面完好； 2）无异常放电声音，设备无凝露； 3）示温蜡片无脱落或测温片无变色； 4）标识规范，开关柜的命名、编号、警示标识等完好、正确、清晰； 5）指示灯显示正常，开关防误闭锁完好，柜门关闭正常，油漆无剥落； 6）开关柜前后无杂物； 7）防小动物、防火、防水、通风措施完好； 8）模拟图或一次接线图与现场一致
操动机构状态		操动机构合、分指示正确
接地装置		接地装置完整、正常
测量仪表		显示正常
构架、基础		正常，无裂缝

表 3.1.7-2 低压开关柜或配电箱例行试验项目、周期及状态要求

例行试验项目	周 期	状 态 要 求
红外测温	6个月	母线与电缆接头温升、温差无异常,诊断方法符合现行《带电设备红外诊断应用规范》(DL/T 664)的有关规定
绝缘电阻测量	10年	绝缘电阻不低于1MΩ
动作特性及操动机构试验		符合现行《电气装置安装工程 电气设备交接试验标准》(GB 50150)的有关规定
控制、测量等二次回路绝缘电阻		绝缘电阻不低于1MΩ
联锁装置检查		符合设备技术说明书之要求
接地电阻	1)首次:投运后3年内; 2)6年	共用接地系统按最小值,且不大于初值的1.3倍

条文说明:《配网设备状态检修试验规程》(DL/T 1753—2017)未对低压开关柜或配电箱提出要求,本规程根据公路特大桥梁供配电系统实际情况,依据《电气装置安装工程 电气设备交接试验标准》(GB 50150—2016)第23章编制了本条文。

3.1.8 低压并联电容器巡检和例行试验项目、周期及状态要求参见表 3.1.8-1、表 3.1.8-2。

表 3.1.8-1 低压并联电容器巡检项目、周期及状态要求

巡 检 项 目	周 期	状 态 要 求
外观	1个月	1)绝缘件无闪络、裂纹、破损和严重脏污; 2)电容器外壳无膨胀、锈蚀; 3)放电回路及各引线连接可靠; 4)带电导体与各部的间距满足安全要求; 5)熔断器正常; 6)标识规范,电容器的命名、编号、警示标识等完好、正确、清晰; 7)电容器柜门关闭正常,油漆无剥落; 8)电容器柜前后无杂物; 9)防小动物、防火、防水、通风措施完好
投切开关状态		1)电容器投切开关状态正常; 2)合、分指示正确
接地装置		接地装置完整、正常
测量仪表		显示正常
构架、基础		正常,无裂缝

表 3.1.8-2 低压并联电容器例行试验项目、周期及状态要求

例行试验项目	周 期	状 态 要 求
红外测温	6个月	母线与电缆接头温升、温差无异常,诊断方法符合现行《带电设备红外诊断应用规范》(DL/T 664)的有关规定

表 3.1.8-2（续）

例行试验项目	周 期	状 态 要 求
绝缘电阻测量	10 年	符合现行《电气装置安装工程 电气设备交接试验标准》（GB 50150）的有关规定
电容量测量		初值差不超过－5%～5%范围（警示值）
控制、测量等二次回路绝缘电阻		绝缘电阻不低于1MΩ
接地电阻	1）首次：投运后3年内； 2）6 年	共用接地系统按最小值，且不大于初值的1.3倍

条文说明：《配网设备状态检修试验规程》（DL/T 1753—2017）未对低压并联电容器提出要求，本规程根据公路特大桥梁供配电系统实际情况，依据《电气装置安装工程 电气设备交接试验标准》（GB 50150—2016）第18章编制了本条文。

3.1.9 电缆线路巡检和例行试验项目、周期及状态要求见表3.1.9-1～表3.1.9-3。

表 3.1.9-1 电缆线路巡检项目、周期及状态要求

巡检项目	周 期	状 态 要 求
通道	1个月	1）盖板无缺损，设备标识、安全警示、线路标志桩完整、清晰； 2）电缆沟体上无违章建筑，无杂物堆积或酸碱性排泄物； 3）电缆线路周围路面正常，无挖掘痕迹，无管线在建施工； 4）电缆支架构件无弯曲、变形、锈蚀；螺栓无缺损、松动，防火阻燃措施完善； 5）电缆桥架或电缆保护管或管箱安装牢固、抗震措施完善； 6）伸缩缝、箱梁内电缆通道畅通； 7）电缆沟内无积水，管箱内无杂物
外观	3个月	1）电缆终端外绝缘无破损和异物，无明显的放电痕迹，无异味和异常声响，电缆终端头和避雷器固定牢固，连接部位良好，无过热现象； 2）电缆屏蔽层及外护套接地良好； 3）中间头固定牢固，外观完好，无异常； 4）引入室内的电缆入口封堵完好，电缆支架牢固，接地良好； 5）电缆无机械损伤，排列整齐； 6）电缆的固定、弯曲半径符合规定； 7）电缆标识标志齐全，设置规范
电缆工作井	3个月	1）工作井内无积水、杂物，井盖完好，无破损；防盗措施完好； 2）防火阻燃措施完善； 3）管孔封堵完好； 4）工作井内电缆双重命名铭牌清晰、齐全； 5）井体、基础、盖板无塌陷、渗漏或墙体脱落等缺陷

表 3.1.9-2　电缆线路例行试验项目、周期及状态要求

例行试验项目	周　期	状　态　要　求
红外测温	1)6个月； 2)必要时	电缆终端头及中间接头温升无异常,同比无明显温差,诊断方法符合现行《带电设备红外诊断应用规范》(DL/T 664)的有关规定
电缆主绝缘绝缘电阻	1)重要电缆6年； 2)一般电缆10年	与初值比没有明显差别
电缆外护套、内衬层绝缘电阻	1)重要电缆6年； 2)一般电缆10年	每千米绝缘电阻不应低于0.5MΩ
交流耐压试验	新作电缆终端头、中间接头后和必要时	符合现行《电气装置安装工程　电气设备交接试验标准》(GB 50150)的有关规定
接地电阻	1)首次:投运后3年内； 2)6年	共用接地系统按最小值,保护接地电阻不大于10Ω,且不大于初值的1.3倍

表 3.1.9-3　电缆线路诊断性试验项目及状态要求

诊断性试验项目	状　态　要　求
相位检查	与供配电系统相位一致
铜屏蔽层电阻和导体电阻比(R_p/R_x) (仅对中压电缆线路)	重做终端或接头后,用双臂电桥测量在相同温度下的铜屏蔽层和导体的直流电阻,与投运前比无变化
局部放电测试	无异常放电

条文说明：依据《电气装置安装工程　电气设备交接试验标准》(GB 50150—2016)第17章,并参照《配网设备状态检修试验规程》(DL/T 1753—2017)第15章,结合公路特大桥梁供配电系统实际情况和管养要求编制。

3.1.10　电缆分支箱巡检和例行试验项目、周期及状态要求见表3.1.10-1、表3.1.10-2。

表 3.1.10-1　电缆分支箱巡检项目、周期及状态要求

巡　检　项　目	周　期	状　态　要　求
外观	3个月	1)外观无异常,引线连接正常,绝缘件无残损、无移位； 2)声音无异常； 3)试温蜡片无脱落或测温片无变色； 4)标识规范、电缆分支箱的命名、编号、警示标识等完好、正确、清晰； 5)故障指示器等设备完好
接地装置		接地装置完整

表 3.1.10-2　电缆分支箱例行试验项目、周期及状态要求

例行试验项目	周　期	状　态　要　求
红外测温	6个月	温升、温差无异常,诊断方法符合现行《带电设备红外诊断应用规范》(DL/T 664)的有关规定

表 3.1.10-2（续）

例行试验项目	周期	状态要求
超声波局部放电测试和暂态地电压测试（仅对中压电缆线路）	1年	无异常放电
绝缘电阻	1）重要设备6年；	应符合设备技术说明书之要求
交流耐压试验	2）一般设备10年	与主送电电缆一致，同时试验
接地电阻	1）首次：投运后3年内；2）6年	共用接地系统按最小值，保护接地电阻不大于10Ω，且不大于初值的1.3倍

条文说明：依据《电气装置安装工程 电气设备交接试验标准》（GB 50150—2016）第17章，并参照《配网设备状态检修试验规程》（DL/T 1753—2017）第16章，结合公路特大桥梁供配电系统实际情况和管养要求编制，缩短了巡检周期。

3.1.11 构筑物及外壳巡检和例行试验项目、周期及状态要求见表3.1.11-1、表3.1.11-2。

表 3.1.11-1 构筑物及外壳巡检项目、周期及状态要求

巡检项目	周期	状态要求
外观	1个月	1）顶部及外体、门窗、护栏、平台和防小动物设施外观无破损和堆积物等异常情况； 2）标识规范，构筑物及外壳命名、编号、警示标识等完好、正确、清晰； 3）构筑物的门、窗（含钢网）无损坏，屋顶无漏水、积水，沿沟无堵塞； 4）户外环网柜、箱式变电站等设备的箱体无锈蚀、无变形，开关柜出线孔洞封堵良好； 5）构筑物、户外箱体、平台的门锁完好，工作井井盖及其锁具完好； 6）室内外清洁，无可能威胁安全运行的杂草、藤蔓类植物生长等； 7）室内温度正常，无异响、异味
基础		1）房屋、设备基础无下沉、开裂； 2）工作井内无积水、无杂物，基础无破损、无沉降；进出管沟封堵良好，防小动物设施完好
接地装置		接地装置完整、正常
通道		通道的路面正常，运维通道畅通，通道内无违章建筑及堆积物，确保检修车辆及检修设备通行
辅助设施		灭火器、常用工器具、火灾探测器等辅助设备完好齐备、摆放整齐，照明、除湿、通风、排水设施完好无异常；SF6气体无泄漏，温湿度检测装置完好

表 3.1.11-2 构筑物及外壳例行试验项目、周期及状态要求

例行试验项目	周期	状态要求
接地装置	按主设备接地电阻测试周期要求执行	1）接地导体电气连接良好，直流电阻不大于0.05Ω； 2）接地电阻对共用接地系统按最小值，且不大于初值的1.3倍

条文说明：依据《电气装置安装工程 电气设备交接试验标准》（GB 50150—2016）第 25 章，并参照《配网设备状态检修试验规程》（DL/T 1753—2017）第 17 章，结合公路特大桥梁供配电系统实际情况和管养要求编制，缩短了巡检周期。构筑物及外壳是指总降压变电站或中压开关站、配电变电所的建筑物，箱式变电站、环网柜等电气设备的外壳，埋地式变压器的工作井或组合式变压器的安装平台。

3.2 整体设备、设备单元及部件划分

3.2.1 公路特大桥梁供配电系统整体设备分为总降压变电站或中压开关站、中压环网设备、配电变电所或箱式变电站、埋地式变压器或组合式变压器和电力电缆线路 5 类。

条文说明：整体设备是为实现特定目的所需的具有相互协调特性的相关电气设备的组合，与系统的单个设备（单元）有一定区别。有的公路特大桥梁采用了 35kV 供电，设置有总降压变电站。有的公路特大桥梁则采用了 10kV 或 20kV 供电，只设置有中压开关站。故将总降压变电站或中压开关站作为同一类整体设备。

3.2.2 总降压变电站整体设备由总降压电力变压器、中压开关柜、构筑物及外壳等单元组成。中压开关站由中压隔离变压器或配电变压器、中压开关柜、构筑物及外壳等单元组成。

3.2.3 中压环网整体设备由中压开关柜、构筑物及外壳等单元组成。

3.2.4 配电变电所或箱式变电站整体设备由配电变压器、中压开关柜、低压开关柜、低压并联电容器、构筑物及外壳等单元组成。

3.2.5 埋地式变压器或组合式变压器整体设备由埋地式或组合式变压器、低压配电总箱、构筑物及外壳等单元组成。

3.2.6 电力电缆线路整体设备由电缆线路、电缆分支箱等单元组成。

3.2.7 设备单元：1 台变压器为 1 个单元；1 面开关柜为 1 个单元；1 段电缆线路为 1 个单元；1 只电缆分支箱为 1 个单元；1 座构筑物及外壳为 1 个单元。

条文说明：构筑物及外壳作为设备单元，避免规程内容重复出现，方便总降压变电站或中压开关站、中压环网单元、配电变电所或箱式变电站、埋地式变压器或组合式变压器等整体设备评估。

3.2.8 设备部件划分：能在设备单元中独自发挥作用的零件（物体）或与设备安全运行相关的空间（通道）划分为部件，用 P_1、P_2、P_3、…、P_n 表示。具体划分应符合本规程第 4.2 节的有关规定。

3.3 评估原则

3.3.1 每个设备单元应先量化评估其组成部件，再赋权进行综合评估。按量化评估所得分值将设备状态分为五类：1 类（正常状态）、2 类（注意状态）、3 类（异常状态）、4 类（严重状态）及 5 类（危险状态）。具体见表 3.3.1。

表 3.3.1 设备状态评估等级分类界限表

状态等级	1 类	2 类	3 类	4 类	5 类
设备状态	正常状态	注意状态	异常状态	严重状态	危险状态
分值区间	[90,100]	[75,90)	[60,75)	[40,60)	[0,40)

条文说明：《配网设备状态评价导则》(Q/GDW 645—2011)、《电力电缆线路运行规程》(DL/T 1253—2013)和《油浸式变压器(电抗器)状态评价导则》(DL/T 1685—2017)等电力行业标准均将电气设备状态分为正常状态、注意状态、异常状态和严重状态四类。本规程与《公路桥梁技术状况评定标准》(JTG/T H21—2011)、《公路桥梁结构安全监测系统技术规程》(JT/T 1037—2016)和《大型公路桥梁中压配电系统技术条件》(JT/T 823—2019)等交通行业标准一致，将设备状态分为1类(正常状态)、2类(注意状态)、3类(异常状态)、4类(严重状态)和5类(危险状态)五类。

3.3.2 总降压变电站或中压开关站按变压器、开关柜、构筑物及外壳单元进行状态评估，各个单元按相应的评分标准进行状态评估，在各单元评估的基础上，对总降压变电站或中压开关站整体设备进行综合评估。

3.3.3 中压环网设备按开关柜、构筑物及外壳单元进行状态评估，各个单元按相应的评分标准进行状态评估，在各单元评估的基础上，对中压环网整体设备进行综合评估。

3.3.4 配电变电所或箱式变电站按变压器、开关柜、并联电容器、构筑物及外壳单元进行状态评估，各个单元按相应的评分标准进行状态评估，在对各单元进行评估的基础上，对配电变电所或预装式变电站整体设备进行综合评估。

3.3.5 埋地式变压器或组合式变压器按埋地式或组合式变压器、低压配电总箱、构筑物及外壳单元进行状态评估，各个单元按相应的评分标准进行状态评估，在各单元评估的基础上，对埋地式变压器或组合式变压器整体设备进行综合评估。

3.3.6 电力电缆线路按电缆线路、电缆分支箱单元进行状态评估，各个单元按相应的评分标准进行状态评估，在各单元评估的基础上，对电力电缆线路整体设备进行综合评估。

4 状态评估

4.1 部件评估

4.1.1 部件评估以量化的方式进行，各部件起评分为 100 分。对设备正常运行有严重影响的状态量最大扣分值为 40 分；对设备正常运行有较大影响的状态量最大扣分值为 30 分；对设备正常运行有一定影响的状态量最大扣分值为 20 分。具体应符合本规程第 4.2 节的有关规定。

4.1.2 部件评估应符合下列要求：

1 某一部件的最后得分 M_p 按式(4.1.2-1)计算：

$$M_p = m_p K_F K_T \quad (p=1,\cdots,n) \qquad (4.1.2\text{-}1)$$

式中：m_p——某一部件的基础得分，$m_p=100-$相应部件状态量中的最大扣分值($p=1,\cdots,n$)；

K_F——家族缺陷系数，对存在家族缺陷的部件取 $K_F=0.95$，无家族缺陷的部件取 $K_F=1$；

K_T——寿命系数，按式(4.1.2-2)计算：

$$K_T = (100 - T \cdot k)/100 \qquad (4.1.2\text{-}2)$$

式中：T——设备运行年数；

k——调整系数，根据具体情况取值：对敷设在桥梁内的电缆线路取 0.8，其他电缆线路取 0.6；对安装在桥梁内的配电设备取 1.0，其他配电设备取 0.8。

2 各部件的评估结果根据量化分值的大小应按表 3.3.1 确定其状态分类。

条文说明：参照《配网设备状态评价导则》(Q/GDW 645—2011)第 6 章，结合公路特大桥梁供配电系统实际情况和管养要求，依据《大型公路桥梁中压配电系统技术条件》(JT/T 823—2019)附录 C 编制。当某一部件有多个状态量被扣分时，其最大扣分值按最差值确定。简化计算方法，使设备状态评估结果与实际的状态相符。寿命系数主要是与设备运行年限有关，并根据不同的设备、不同的运行环境，在运行年数的基础上乘以不同的调整系数。

4.2 单元评估

4.2.1 油浸式变压器单元包括绕组及套管、分接开关、油箱、冷却系统、非电量保护、绝缘油、接地、标识等部件。单元各部件的评估分值及评估状态量见表 4.2.1。油浸式变压器单元状态评估评分表见附表 A.1。

表 4.2.1 油浸式变压器各部件的评估分值及评估状态量

序号	部件名称	部件代号	满分值	分值权重	状 态 量	最大扣分值
1	绕组及套管	P1	100	0.40	绕组直流电阻，绕组及套管绝缘电阻，接头和线夹温度，负荷率，污秽，外观，绕组温度，三相不平衡率	40
2	分接开关	P2	100	0.10	分接开关性能	20
3	油箱及冷却系统	P3	100	0.10	密封，油位，呼吸器硅胶颜色，散热器外观，油温	40
4	非电量保护	P4	100	0.10	非电量保护装置绝缘电阻	30

表 4.2.1（续）

序号	部件名称	部件代号	满分值	分值权重	状 态 量	最大扣分值
5	绝缘油	P5	100	0.20	绝缘油颜色,耐压值	40
6	接地	P6	100	0.05	接地引线外观,接地电阻	40
7	标识	P7	100	0.05	标识齐全	30

条文说明：参照《配网设备状态评价导则》(Q/GDW 645—2011)第6.3节，结合公路特大桥梁实际情况，依据《大型公路桥梁中压配电系统技术条件》(JT/T 823—2019)附录C编制。各部件的权重和各状态量的最大扣分值是按正常运行影响程度来确定的。

4.2.2 干式变压器单元包括绕组、分接开关、外壳及冷却系统、接地、标识等部件。单元各部件的评估分值及评估状态量见表4.2.2。干式变压器单元状态评估评分表见附表A.2。

表 4.2.2 干式变压器各部件的评估分值及评估状态量

序号	部件名称	部件代号	满分值	分值权重	状 态 量	最大扣分值
1	绕组	P1	100	0.40	绕组直流电阻,绕组绝缘电阻,接头温度,负荷率,污秽,外观,器身温度,三相不平衡率	40
2	分接开关	P2	100	0.10	分接开关性能	20
3	外壳及冷却系统	P3	100	0.30	外壳防护性能,温控装置性能,风机运行情况	40
4	接地	P4	100	0.10	接地引线外观,接地电阻	40
5	标识	P5	100	0.10	标识齐全	30

条文说明：参照《配网设备状态评价导则》(Q/GDW 645—2011)第6.3节，结合公路特大桥梁实际情况，依据《大型公路桥梁中压配电系统技术条件》(JT/T 823—2019)附录C编制。

4.2.3 油浸式埋地式变压器包括绕组及电缆终端、分接开关、油箱、温度保护、绝缘油、熔断器盒、接地、标识等部件。单元各部件的评估分值及评估状态量见表4.2.3。油浸式埋地式变压器单元状态评估评分表见附表A.3。

表 4.2.3 油浸式埋地式变压器各部件的评估分值及评估状态量

序号	部件名称	部件代号	满分值	分值权重	状 态 量	最大扣分值
1	绕组及电缆终端	P1	100	0.30	绕组直流电阻,绕组及电缆终端绝缘电阻,电缆终端接头温度,负荷率,污秽,外观,绕组温度,三相不平衡率	40
2	分接开关	P2	100	0.10	分接开关性能	20
3	油箱	P3	100	0.10	密封,油温,散热,锈蚀	40
4	温度保护	P4	100	0.05	温度保护装置绝缘电阻	30
5	绝缘油	P5	100	0.15	绝缘油颜色,交流耐压试验	40
6	熔断器盒	P6	100	0.15	熔断器盒密封,外观,熔断件安装规范	40
7	接地	P7	100	0.05	接地线外观,接地电阻	40
8	标识	P8	100	0.05	标识齐全	30

条文说明：油浸式埋地式变压器安装在公路特大桥梁接线范围内为长距离、小容量、分散性负荷配电。根据油浸式埋地式变压器结构特点和运维要求，依据《大型公路桥梁中压配电系统技术条件》(JT/T 823—2019)附录 C 编制本条文。

4.2.4 干式组合式变压器包括绕组及电缆终端、分接开关、外壳、温度保护、熔断器盒、接地、标识等部件。单元各部件的评估分值及评估状态量见表 4.2.4。干式组合式变压器单元状态评估评分表见附表 A.4。

表 4.2.4 干式组合式变压器各部件的评估分值及评估状态量

序号	部件名称	部件代号	满分值	分值权重	状 态 量	最大扣分值
1	绕组及电缆终端	P1	100	0.30	绕组直流电阻，绕组及电缆终端绝缘电阻，电缆终端接头温度，负荷率，污秽，外观，绕组温度，三相不平衡率	40
2	分接开关	P2	100	0.10	分接开关性能	20
3	外壳	P3	100	0.10	密封，散热，锈蚀	40
4	温度保护	P4	100	0.15	温度保护装置绝缘电阻	30
5	熔断器盒	P6	100	0.15	熔断器盒密封，外观，熔断件安装规范	40
6	接地	P7	100	0.10	接地线外观，接地电阻	40
7	标识	P8	100	0.10	标识齐全	30

条文说明：干式组合式变压器安装在桥梁结构内部(包括主塔横梁内或平台上或锚室内)为长距离、小容量、分散性负荷配电。根据干式组合式变压器结构特点和运维要求，依据《大型公路桥梁中压配电系统技术条件》(JT/T 823—2019)附录 C 编制本条文。

4.2.5 开关柜包括本体、附件、操作系统及控制回路、辅助部件、标识等部件。单元各部件的评估分值及评估状态量见表 4.2.5。开关柜单元状态评估评分表见附表 A.5。

表 4.2.5 开关柜各部件的评估分值及评估状态量

序号	部件名称	部件代号	满分值	分值权重	状 态 量	最大扣分值
1	本体	P1	100	0.30	绝缘电阻，主回路直流电阻，导体连接点温度，放电声音，SF6气压	40
2	附件	P2	100	0.20	绝缘电阻，污秽，外观，凝露(加热器、温湿度控制器异常)	40
3	操作系统及控制回路	P3	100	0.25	绝缘电阻，分合闸操作，联锁功能，五防功能，辅助开关投切状况	40
4	辅助部件	P4	100	0.15	接地线外观，接地电阻，带电显示，仪表指示	40
5	标识	P5	100	0.10	标识齐全	30

条文说明：参照《配网设备状态评价导则》(Q/GDW 645—2011)第 6.4 节，结合公路特大桥梁实际情况，依据《大型公路桥梁中压配电系统技术条件》(JT/T 823—2019)附录 C 编制。

4.2.6 电容器包括套管、电容器本体、熔断器、投切开关及控制回路、接地、标识等部件。单元各部件的评估分值及评估状态量见表4.2.6。电容器单元状态评估评分表见附表A.6。

表4.2.6 电容器各部件的评估分值及评估状态量

序号	部件名称	部件代号	满分值	分值权重	状态量	最大扣分值
1	套管	P1	100	0.20	绝缘电阻,接头温度,外观,污秽	40
2	电容器本体	P2	100	0.20	温度,鼓肚,锈蚀,电容量	40
3	熔断器	P3	100	0.10	接头温度,外观,污秽	40
4	投切开关及控制回路	P4	100	0.30	开关投切状况、分合指示、绝缘电阻,仪表指示	40
5	接地	P5	100	0.10	接地线外观,接地电阻	40
6	标识	P6	100	0.10	标识齐全	30

条文说明:参照《配网设备状态评价导则》(Q/GDW 645—2011)第9.6节,结合公路特大桥梁实际情况编制。

4.2.7 电缆线路包括电缆本体、电缆终端、电缆中间接头、接地系统、电缆通道、辅助设施等部件。单元各部件的评估分值及评估状态量见表4.2.7。电缆线路单元状态评估评分表见附表A.7。

表4.2.7 电缆线路各部件的评估分值及评估状态量

序号	部件名称	部件代号	满分值	分值权重	状态量	最大扣分值
1	电缆本体	P1	100	0.20	线路负荷,绝缘电阻,外观,防火阻燃,埋深	40
2	电缆终端	P2	100	0.20	污秽,外观,防火阻燃,温度	40
3	电缆中间接头	P3	100	0.20	温度,运行环境,防火阻燃,完整	40
4	接地系统	P4	100	0.10	接地线外观,接地电阻	30
5	电缆通道	P5	100	0.15	电缆井环境,电缆管沟或管箱环境,电缆桥架环境,防火阻燃,安全距离,电缆线路外部环境	40
6	辅助设施	P6	100	0.15	牢固,标识齐全,锈蚀,抗震	30

条文说明:参照《配网设备状态评价导则》(Q/GDW 645—2011)第6.5节,结合公路特大桥梁实际情况,依据《大型公路桥梁中压配电系统技术条件》(JT/T 823—2019)附录C编制。

4.2.8 电缆分支箱包括电缆本体、辅助部件等部件。单元各部件的评估分值及评估状态量见表4.2.8。电缆分支箱单元状态评估评分表见附表A.8。

表4.2.8 电缆分支箱各部件的评估分值及评估状态量

序号	部件名称	部件代号	满分值	分值权重	状态量	最大扣分值
1	本体	P1	100	0.60	绝缘电阻,放电声,凝露,导电连接点的温升,污秽,外观	40
2	辅助部件	P2	100	0.40	五防功能,防火阻燃,带电显示,外壳接地线外观,接地电阻,标识齐全,外观	40

条文说明：参照《配网设备状态评价导则》(Q/GDW 645—2011)第6.6节，结合公路特大桥梁实际情况，依据《大型公路桥梁中压配电系统技术条件》(JT/T 823—2019)附录C编制。

4.2.9 构筑物及外壳包括本体、基础、接地系统、通道、辅助设施等部件。单元各部件的评估分值、评估状态量见表4.2.9。构筑物及外壳单元状态评估评分表见附表A.9。

表4.2.9 构筑物及外壳单元各部件的评估分值及评估状态量

序号	部件名称	部件代号	满分值	分值权重	状 态 量	最大扣分值
1	本体①	P1	100	0.40	防水，门窗完整，防小动物，污秽，外观	40
2	基础	P2	100	0.10	基础完整	40
3	接地系统	P3	100	0.10	接地装置外观，接地电阻	40
4	通道	P4	100	0.10	通道	30
5	辅助设施	P5	100	0.30	消防，照明，强排风，排水，除湿，标识齐全	30

注：① 本体指构筑物本身、预装式变电站或户外环网柜外壳、埋地式变压器井或组合式变压器平台主体。

条文说明：参照《配网设备状态评价导则》(Q/GDW 645—2011)第6.7节，结合公路特大桥梁实际情况，依据《大型公路桥梁中压配电系统技术条件》(JT/T 823—2019)附录C编制。

4.2.10 单元评估应符合下列要求：

1 当所有部件的得分在1类(正常状态)或2类(注意状态)时，计入分值权重系数K_p，最后得分M按式(4.2.10)计算：

$$M=\sum K_p M_p (p=1,2,\cdots,n) \quad (4.2.10)$$

式中：K_p——权重系数，见表4.2.1～表4.2.8。

根据M分值的大小，按表3.3.1确定设备单元状态分类。

2 当一个及以上部件得分在3类(异常状态)及以下时，该设备的状态为最差部件的状态，最后得分为最差部件的得分。

条文说明：参照《配网设备状态评价导则》(Q/GDW 645—2011)第6章，结合公路特大桥梁实际情况和管养要求，依据《大型公路桥梁中压配电系统技术条件》(JT/T 823—2019)附录C编制。当所有部件的得分在1类(正常状态)或2类(注意状态)时，设备单元评估结果由部件得分和权重共同确定；当一个及以上部件得分在3类(异常状态)及以下时，设备单元评估结果按最差值确定。

4.2.11 设备单元评估报告范本参见附录B。

4.3 整体评估

4.3.1 当整体设备所有单元评估均为1类(正常状态)时，该整体设备评估为正常状态，最后得分取算术平均值；当整体设备存在一个及以上单元状态为2类(注意状态)及以下时，该整体设备评估为最差单元状态，最后得分取最差单元得分。

条文说明：参照《配网设备状态评价导则》（Q/GDW 645—2011）第 6 章，结合公路特大桥梁实际情况和管养要求编制。当整体设备存在一个及以上单元状态为 2 类（注意状态）及以下时，整体设备评估结果按最差值确定。

4.3.2 整体设备状态评估报告格式参见附录 C。

5 评估结果应用

5.0.1 依据设备状态评估结果,应按下列要求开展设备运维与检修工作:

1 1类(正常状态)设备,定期进行巡检和例行试验。

2 2类(注意状态)设备,缩短巡检和例行试验周期,必要时增做部分诊断性试验。

3 3类(异常状态)设备,加强巡检和带电检测,必要时安排停电检修,增做诊断性试验。

4 4类(严重状态)设备,及时安排停电检修,必要时更换。

5 5类(危险状态)设备,立即停电更换。

条文说明:参照《配网设备状态检修试验规程》(DL/T 1753—2017),结合公路特大桥梁实际情况和管养要求,依据《大型公路桥梁中压配电系统技术条件》(JT/T 823—2019)第10.6条编制。基于设备状态确定检修策略,有针对性地开展设备检修工作,提高设备及系统的可靠性。

附录 A（规范性附录） 设备单元状态评估评分表

公路特大桥梁供配电系统设备单元状态评估评分标准详见附表 A.1～附表 A.9，设备单元状态评估评分表范例见附表 A.10。

附表 A.1 油浸式变压器状态评估评分表

设备命名：　　　　　　　　设备型号：　　　　　　　　生产厂家：
出厂编号：　　　　　　　　生产日期：　　　　　　　　投运日期：

序号	部件	状态量	标 准 要 求	评 分 标 准	扣分
1	绕组及套管（P1）	绕组直流电阻	1）1.6MVA 以上的变压器，各相绕组电阻相互间的差别不应大于三相平均值的 2%（警示值），无中性点引出的绕组，线间差别不应大于三相平均值的 1%（注意值）； 2）1.6MVA 及以下的变压器，各相绕组电阻相互间的差别不应大于三相平均值的 4%（警示值），无中性点引出的绕组，线间差别不应大于三相平均值的 2%（注意值）	1）1.6MVA 以上的变压器： a.相间直流电阻差别大于三相平均值的 2%扣 40 分； b.线间直流电阻差别大于三相平均值的 1%扣 40 分。 2）1.6MVA 及以下的变压器： a.相间直流电阻差别大于三相平均值的 4%扣 40 分； b.线间直流电阻差别大于三相平均值的 2%扣 40 分	
2		绕组及套管绝缘电阻	绝缘电阻与初值相比不应有明显变化	与初值比较降低：(10%,20%]扣 5 分；(20%,30%]扣 15 分；>30% 扣 30 分	
3		接头和线夹温度	1）相间温度差不大于 10K； 2）接头温度不大于 75℃	1）相间温度差按下图扣分： 2）接头温度：(75℃,80℃] 20 分；(80℃,90℃]扣 30 分；>90℃扣 40 分； 3）合计取两项扣分中的较大值	
4		负荷率	30min 最大负荷率	(80%,85%]扣 10 分；(85%,90%]扣 20 分；(90%,100%]扣 30 分；>100%以上扣 40 分	
5		污秽	满足设备运行的要求	污秽严重扣 20 分；有明显放电痕迹扣 30 分，严重放电痕迹扣 40 分	

附表 A.1（续）

序号	部件	状态量	标准要求	评分标准	扣分
6	绕组及套管（P1）	外观	完整无破损	略有破损、缺失扣 15 分；有破损、缺失扣 30 分；严重破损、缺失扣 40 分	
7		绕组温度	不超过制造厂允许值	超出允许值：(10%,20%]扣 15 分；≥20%,扣 30 分	
8		三相不平衡率	Dyn11 接线三相不平衡率不大于 25%，中性线电流不大于相额定电流的 40%	三相不平衡率：(25%,40%]扣 10 分；>40%扣 20 分；中性线电流与相额定电流比：(40%,60%]扣 10 分；>60%扣 20 分	
		$m_1=$; $K_F=$; $K_T=$; $M_1=m_1 K_F K_T=$;部件评估：			
9	分接开关（P2）	分接开关性能	操作无异常	无法操作、不满足要求，扣 20 分	
		$m_2=$; $K_F=$; $K_T=$; $M_2=m_2 K_F K_T=$;部件评估：			
10	油箱及冷却系统（P3）	密封	无渗油	轻微渗油扣 10 分；明显渗油扣 20 分；严重渗油扣 30 分；漏油(滴油)扣 40 分	
11		油位	无异常	油位表中显示少油扣 15 分；油位表中无显示扣 40 分	
12		呼吸器硅胶颜色	无变色情况	受潮全部变色扣 15 分	
13		散热器外观	无异物附着或严重积污	有异物附着扣 15 分；严重积污扣 30 分	
14		油温	上层油温不宜经常超过 85℃，最高一般不得超过 95℃，制造厂有规定的可参照制造厂规定	>95℃扣 25 分；温升超过 55K 扣 25 分	
		$m_3=$; $K_F=$; $K_T=$; $M_3=m_3 K_F K_T=$;部件评估：			
15	非电量保护（P4）	非电量保护装置绝缘电阻	绝缘电阻不低于 1 MΩ	不满足扣 30 分	
		$m_4=$; $K_F=$; $K_T=$; $M_4=m_4 K_F K_T=$;部件评估：			
16	绝缘油（P5）	绝缘油颜色	油样合格,颜色正常	颜色较深或有杂质、悬浮物扣 10 分	
17		耐压试验	35(20)kV：不小于 35 kV 10(6)kV：不小于 25 kV	耐压不合格扣 40 分	
		$m_5=$; $K_F=$; $K_T=$; $M_5=m_5 K_F K_T=$;部件评估：			

附表 A.1(续)

序号	部件	状态量	标准要求	评分标准	扣分
18	接地 (P6)	接地引线外观	连接牢固,接地良好,接地引线截面满足热稳定要求	1)接地不明显扣15分;连接松动、接地不良扣25分;出现断开、断裂扣30分; 2)接地引线截面不满足热稳定要求扣30分; 3)接地引线轻微锈蚀扣10分,中度锈蚀扣25分,严重锈蚀扣40分	
19		接地电阻	共用接地系统按最小值,且不大于初值的1.3倍	不合格扣30分	
	$m_6=$	;$K_F=$	;$K_T=$	;$M_6=m_6 K_F K_T=$	;部件评估:
20	标识 (P7)	标识齐全	设备标识和警示标识齐全、准确、完好	1)安装位置不正确扣5分; 2)标识错误扣30分; 3)无标识或缺少标识扣30分	
	$m_7=$	;$K_F=$	;$K_T=$	;$M_7=m_7 K_F K_T=$	;部件评估:

综合评估结果:

评估得分:
$M=\sum K_p M_p (p=1,2,3,4,5,6,7)=$
其中 $K_1=0.4, K_2=0.1, K_3=0.1, K_4=0.1, K_5=0.2, K_6=0.05, K_7=0.05$

评估状态:

□正常　　　□注意　　　□异常　　　□严重　　　□危险

注意及以上设备状态原因分析(所有15分及以上的扣分项均在此栏中反映):

处理建议:

评估人:		年 月 日	审核人:		年 月 日

附表 A.2 干式变压器单元状态评估评分表

设备命名： 　　　　　　设备型号： 　　　　　　生产厂家：
出厂编号： 　　　　　　生产日期： 　　　　　　投运日期：

序号	部件	状态量	标 准 要 求	评 分 标 准	扣分
1	绕组（P1）	绕组直流电阻	1）1.6MVA 以上的变压器，各相绕组电阻相互间的差别不应大于三相平均值的 2%（警示值），无中性点引出的绕组，线间差别不应大于三相平均值的 1%（注意值）； 2）1.6MVA 及以下的变压器，各相绕组电阻相互间的差别不应大于三相平均值的 4%（警示值），无中性点引出的绕组，线间差别不应大于三相平均值的 2%（注意值）	1）1.6MVA 以上的变压器： a.相间直流电阻差别大于三相平均值的 2%扣 40 分； b.线间直流电阻差别大于三相平均值的 1%扣 40 分。 2）1.6MVA 及以下的变压器： a.相间直流电阻差别大于三相平均值的 4%扣 40 分； b.线间直流电阻差别大于三相平均值的 2%扣 40 分	
2		绕组绝缘电阻	绝缘电阻与初值相比不应有明显变化	与初值比较降低：(10%,20%]扣 5 分；(20%,30%]扣 15 分；>30%扣 30 分	
3		接头温度	1）相间温度差不大于 10K； 2）接头温度不大于 75℃	1）相间温度差按下图扣分： （扣分图，横轴相间温度差(K)，纵轴扣分） 2）接头温度：(75℃,80℃]扣 20 分；(80℃,90℃]扣 30 分；>90℃扣 40 分； 3）合计取两项扣分中的较大值	
4		负荷率	30min 最大负荷率	(80%,85%]扣 10 分；(85%,90%]扣 20 分；(90%,100%]扣 30 分；>100%以上扣 40 分	
5		污秽	满足设备运行的要求	污秽严重扣 20 分；有明显放电痕迹扣 30 分，有严重放电痕迹扣 40 分	
6		外观	完整无破损	略有破损、缺失扣 15 分；有破损、缺失扣 30 分；严重破损、缺失扣 40 分	
7		器身温度	不超过制造厂允许值	超出允许值：(10%,20%]扣 15 分；>20%,扣 30 分	

附表 A.2（续）

序号	部件	状态量	标准要求	评分标准	扣分
8	绕组（P1）	三相不平衡率	Dyn11接线三相不平衡率不大于25%，中性线电流不大于相额定电流的40%	三相不平衡率：(25%,40%)]扣10分；>40%扣20分；中性线电流与相额定电流比：(40%,60%]扣10分；>60%扣20分	
	$m_1=\quad ;K_F=\quad ;K_T=\quad ;M_1=m_1 K_F K_T=\quad$ ；部件评估：				
9	分接开关（P2）	分接开关性能	操作无异常	无法操作、不满足要求扣20分	
	$m_2=\quad ;K_F=\quad ;K_T=\quad ;M_2=m_2 K_F K_T=\quad$ ；部件评估：				
10	外壳及冷却系统（P3）	防护外壳	外壳防护性能正常	略有破损、缺失扣15分；有破损、缺失扣30分；严重破损、缺失扣40分	
11		温控仪运行情况	温控仪运行正常	无法工作扣40分；其他视实际情况酌情扣分	
12		风机运行情况	风机运行正常	无法启动扣40分；其他视实际情况酌情扣分	
	$m_3=\quad ;K_F=\quad ;K_T=\quad ;M_3=m_3 K_F K_T=\quad$ ；部件评估：				
13	接地（P4）	接地线外观	连接牢固，接地良好，接地线截面满足热稳定要求	1）接地不明显扣15分；连接松动、接地不良扣25分；出现断开、断裂扣30分；2）接地线截面不满足热稳定要求扣30分；3）接地线轻微锈蚀扣10分，中度锈蚀扣25分，严重锈蚀扣40分	
14		接地电阻	共用接地系统按最小值，且不大于初值的1.3倍	不合格扣30分	
	$m_4=\quad ;K_F=\quad ;K_T=\quad ;M_4=m_4 K_F K_T=\quad$ ；部件评估：				
15	标识（P5）	标识齐全	设备标识和警示标识齐全、准确、完好	1）安装位置不正确扣5分；2）标识错误扣30分；3）无标识或缺少标识扣30分	
	$m_5=\quad ;K_F=\quad ;K_T=\quad ;M_5=m_5 K_F K_T=\quad$ ；部件评估：				
综合评估结果：					

附表 A.2（续）

序号	部件	状态量	标准要求	评分标准	扣分
评估得分： $M=\sum K_p M_p (p=1,2,3,4,5)=$ 其中 $K_1=0.4, K_2=0.1, K_3=0.3, K_4=0.1, K_5=0.1$					
评估状态： □正常　　□注意　　□异常　　□严重　　□危险					
注意及以上设备原因分析（所有15分及以上的扣分项均在此栏中反映）：					
处理建议：					
评估人：　　　　　　　　　　　年　月　日			审核人：　　　　　　　　　　　年　月　日		

附表 A.3 油浸式埋地式变压器状态评估评分表

设备命名：　　　　　　　　　设备型号：　　　　　　　　　生产厂家：
出厂编号：　　　　　　　　　生产日期：　　　　　　　　　投运日期：

序号	部件	状态量	标 准 要 求	评 分 标 准	扣分
1	绕组及电缆终端（P1）	绕组直流电阻	各相绕组电阻相互间的差别不应大于三相平均值的 4%（警示值），无中性点引出的绕组，线间差别不应大于三相平均值的 2%（注意值）	1）相间直流电阻差别大于三相平均值的 4%扣 40 分；2）线间直流电阻差别大于三相平均值的 2%扣 40 分	
2		绕组及电缆终端绝缘电阻	绝缘电阻与初值相比不应有明显变化	与初值比较降低：(10%,20%]扣 5 分；(20%,30%]扣 15 分；>30%扣 30 分	
3		电缆终端接头温度	1）相间温度差不大于10K；2）接头温度不大于75℃	1）相间温度差按下图扣分：（图）2）接头温度：(75℃,80℃]扣 20 分；(80℃,90℃]扣 30 分；>90℃扣 40 分；3）合计取两项扣分中的较大值	
4		负荷率	30min 最大负荷率	(80%,85%]扣 10 分；(85%,90%]扣 20 分；(90%,100%]扣 30 分；>100%以上扣 40 分	
5		污秽	满足设备运行的要求	污秽严重扣 20 分；有明显放电痕迹扣 30 分；严重放电痕迹扣 40 分	
6		外观	完整无破损	略有破损、缺失扣 15 分；有破损、缺失扣 30 分；严重破损、缺失扣 40 分	
7		绕组温度	不超过制造厂允许值	超出允许值：(10%,20%]扣 15 分；>20%扣 30 分	
8		三相不平衡率	Dyn11 接线三相不平衡率不大于 25%，中性线电流不大于相额定电流的 40%	三相不平衡率：(25%,40%]扣 10 分；>40%扣 20 分；中性线电流与相额定电流比：(40%,60%]扣 10 分；>60%扣 20 分	
	$m_1=$　　；$K_F=$　　；$K_T=$　　；$M_1=m_1 K_F K_T=$　　；部件评估：				
9	分接开关（P2）	分接开关性能	操作无异常	无法操作、不满足要求扣 20 分	

附表 A.3（续）

序号	部件	状态量	标准要求	评分标准	扣分
		$m_2=$ ；$K_F=$ ；$K_T=$ ；$M_2=m_2 K_F K_T=$ ；部件评估：			
10	油箱 （P3）	密封	无渗油	轻微渗油扣 10 分；明显渗油扣 20 分；严重渗油扣 30 分；漏油扣 40 分	
11		油温	上层油温不宜经常超过 85℃，最高一般不得超过 95℃或按制造厂规定	＞95℃扣 25 分；温升超过 55K 扣 25 分	
12		散热	散热器无异物附着或严重积污	有异物附着扣 15 分；严重积污扣 30 分	
13		锈蚀	无锈蚀	轻微锈蚀不扣分；中度锈蚀扣 20 分；严重锈蚀扣 30 分	
		$m_3=$ ；$K_F=$ ；$K_T=$ ；$M_3=m_3 K_F K_T=$ ；部件评估：			
14	温度保护 （P4）	温度保护装置绝缘	绝缘电阻不低于 1MΩ	不满足扣 30 分	
		$m_4=$ ；$K_F=$ ；$K_T=$ ；$M_4=m_4 K_F K_T=$ ；部件评估：			
15	绝缘油 （P5）	绝缘油颜色	油样合格，颜色正常	颜色较深或有杂质、悬浮物扣 10 分	
16		耐压试验	不小于 25kV	耐压值不合格扣 40 分	
		$m_5=$ ；$K_F=$ ；$K_T=$ ；$M_5=m_5 K_F K_T=$ ；部件评估：			
17	熔断器盒 （P6）	熔断器盒密封	密封正常	不密封可能有水进入扣 40 分；不密封但不会有水进入扣 30 分	
18		外观	完整无破损	略有破损、缺失扣 15 分；有破损、缺失扣 30 分；严重破损、缺失扣 40 分	
19		熔断件安装规范	安装牢固，接触良好	不满足扣 40 分	
		$m_6=$ ；$K_F=$ ；$K_T=$ ；$M_6=m_6 K_F K_T=$ ；部件评估：			
20	接地 （P7）	接地线外观	连接牢固，接地良好，接地线截面满足热稳定要求	1) 接地不明显扣 15 分；连接松动、接地不良扣 25 分；出现断开、断裂扣 40 分； 2) 接地线截面不满足热稳定要求扣 30 分； 3) 接地线轻微锈蚀扣 10 分；中度锈蚀扣 25 分；严重锈蚀扣 40 分	
21		接地电阻	共用接地系统按最小值，且不大于初值的 1.3 倍	不合格扣 30 分	
		$m_7=$ ；$K_F=$ ；$K_T=$ ；$M_7=m_7 K_F K_T=$ ；部件评估：			

附表 A.3（续）

序号	部件	状态量	标 准 要 求	评 分 标 准	扣分
22	标识（P8）	标识齐全	设备标识和警示标识齐全、准确、完好	1）安装位置不正确扣5分； 2）标识错误扣30分； 3）无标识或缺少标识扣30分	
	$m_8=$ ；$K_F=$ ；$K_T=$ ；$M_8=m_8 K_F K_T=$ ；部件评估：				
综合评估结果：					
评估得分： $M=\sum K_p M_p (p=1,2,3,4,5,6,7,8)=$ 其中 $K_1=0.3, K_2=0.1, K_3=0.1, K_4=0.05, K_5=0.15, K_6=0.15, K_7=0.1, K_8=0.05$					
评估状态： □正常　　　　□注意　　　　□异常　　　　□严重　　　　□危险					
注意及以上设备原因分析（所有15分及以上的扣分项均在此栏中反映）：					
处理建议：					
评估人：			年　月　日	审核人：	年　月　日

附表 A.4 干式组合式变压器状态评估评分表

设备命名：　　　　　　　　设备型号：　　　　　　　　生产厂家：
出厂编号：　　　　　　　　生产日期：　　　　　　　　投运日期：

序号	部件	状态量	标准要求	评分标准	扣分
1	绕组及电缆终端（P1）	绕组直流电阻	各相绕组电阻相互间的差别不应大于三相平均值的4%（警示值），无中性点引出的绕组，线间差别不应大于三相平均值的2%（注意值）	1)相间直流电阻差别大于三相平均值的4%扣40分； 2)线间直流电阻差别大于三相平均值的2%扣40分	
2		绕组及电缆终端绝缘电阻	绝缘电阻与初值相比不应有明显变化	与初值比较降低：(10%,20%]扣5分；(20%,30%]扣15分；>30%扣30分	
3		电缆终端接头温度	1)相间温度差不大于10K； 2)接头温度不大于75℃	1)相间温度差按下图扣分： （图：横轴"相间温度差(K)"0-40，纵轴"扣分"0-30） 2)接头温度：(75℃,80℃]扣20分；(80℃,90℃]扣30分；>90℃扣40分； 3)合计取两项扣分中的较大值	
4		负荷率	30min最大负荷率	(80%,85%]扣10分；(85%,90%]扣20分；(90%,100%]扣30分；>100%以上扣40分	
5		污秽	满足设备运行的要求	污秽严重扣20分；有明显放电痕迹扣30分；严重放电痕迹扣40分	
6		外观	完整无破损	略有破损、缺失扣15分；有破损、缺失扣30分；严重破损、缺失扣40分	
7		绕组温度	不超过制造厂允许值	超出允许值：(10%,20%]扣15分；>20%扣30分	
8		三相不平衡率	Dyn11接线三相不平衡率不大于25%，中性线电流不大于相额定电流的40%	三相不平衡率：(25%,40%]扣10分；>40%扣20分；中性线电流与相额定电流比：(40%,60%]扣10分；>60%扣20分	
		$m_1=$　　；$K_F=$　　；$K_T=$　　；$M_1=m_1 K_F K_T=$　　；部件评估：			
9	分接开关（P2）	分接开关性能	操作无异常	无法操作、不满足要求扣20分	

附表 A.4（续）

序号	部件	状态量	标 准 要 求	评 分 标 准	扣分
		$m_2=$ ；$K_F=$ ；$K_T=$ ；$M_2=m_2 K_F K_T=$ ；部件评估：			
10	外壳(P3)	密封	无渗油	轻微渗油扣 10 分；明显渗油扣 20 分；严重渗油扣 30 分；漏油扣 40 分	
11		散热	散热器无异物附着或严重积污	有异物附着扣 15 分；严重积污扣 30 分	
12		锈蚀	无锈蚀	轻微锈蚀不扣分；中度锈蚀扣 20 分；严重锈蚀扣 30 分	
		$m_3=$ ；$K_F=$ ；$K_T=$ ；$M_3=m_3 K_F K_T=$ ；部件评估：			
13	温度保护(P4)	温度保护装置绝缘	绝缘电阻不低于 1 MΩ	不满足扣 30 分	
		$m_4=$ ；$K_F=$ ；$K_T=$ ；$M_4=m_4 K_F K_T=$ ；部件评估：			
14	熔断器盒(P5)	熔断器盒密封	密封正常	不密封可能有水进入扣 40 分；不密封但不会有水进入扣 30 分	
15		外观	完整无破损	略有破损、缺失扣 15 分；有破损、缺失扣 30 分；严重破损、缺失扣 40 分	
16		熔断件安装规范	安装牢固，接触良好	不满足扣 40 分	
		$m_5=$ ；$K_F=$ ；$K_T=$ ；$M_5=m_5 K_F K_T=$ ；部件评估：			
17	接地(P6)	接地线外观	连接牢固，接地良好，接地线截面满足热稳定要求	1）接地不明显扣 15 分；连接松动、接地不良扣 25 分；出现断开、断裂扣 40 分； 2）接地线截面不满足热稳定要求扣 30 分； 3）接地线轻微锈蚀扣 10 分；中度锈蚀扣 25 分；严重锈蚀扣 40 分	
18		接地电阻	共用接地系统按最小值，且不大于初值的 1.3 倍	不合格扣 30 分	
		$m_6=$ ；$K_F=$ ；$K_T=$ ；$M_6=m_6 K_F K_T=$ ；部件评估：			
19	标识(P7)	标识齐全	设备标识和警示标识齐全、准确、完好	1）安装位置不正确扣 5 分； 2）标识错误扣 30 分； 3）无标识或缺少标识扣 30 分	
		$m_7=$ ；$K_F=$ ；$K_T=$ ；$M_7=m_7 K_F K_T=$ ；部件评估：			

附表 A.4（续）

序号	部件	状态量	标 准 要 求	评 分 标 准	扣分
综合评估结果：					
评估得分： $M = \sum K_p M_p (p=1,2,3,4,5,6,7) =$ 其中 $K_1=0.3, K_2=0.1, K_3=0.1, K_4=0.15, K_5=0.15, K_6=0.1, K_7=0.1$					
评估状态： □正常　　　　□注意　　　　□异常　　　　□严重　　　　□危险					
注意及以上设备原因分析（所有 15 分及以上的扣分项均在此栏中反映）：					
处理建议：					
评估人：　　　　　　　　　　　　年　月　日　　　审核人：　　　　　　　　　年　月　日					

附表 A.5 开关柜单元状态评估评分表

设备命名：　　　　　　　　　设备型号：　　　　　　　　　生产厂家：
出厂编号：　　　　　　　　　生产日期：　　　　　　　　　投运日期：

序号	部件	状态量	标准要求	评分标准	扣分
1	本体 (P1)	主回路 直流电阻	主回路直流电阻测试值≤1.5倍初值（注意值）	初值差：(15%,30%]扣5分；(30%,50%]扣10分；(50%,100%]扣20分；>100%扣30分	
2		绝缘电阻	20℃时开关本体绝缘电阻符合现行《电气装置安装工程 电气设备交接试验标准》（GB 50150）的有关规定	绝缘电阻折算到20℃下，不合格扣40分	
3		导体 连接点温度	1)相间温度差不大于10K； 2)接头温度不大于75℃	1)相间温度差按下图扣分： 2)接头温度：(75℃,80℃]扣20分；(80℃,90℃]扣30分；>90℃扣40分； 3)合计取两项扣分中的较大值	
4		放电声音	无异常放电声音	1)存在异常放电声音扣30分； 2)存在严重放电声音扣40分	
5		SF6气压	气压表指示在标准范围内	气压表在淡绿色（或黄色）扣20分；在红色区域扣40分	
		$m_1=$　　；$K_F=$　　；$K_T=$　　；$M_1=m_1 K_F K_T=$　　；部件评估：			
6	附件 (P2)	绝缘电阻	20℃时，PT/CT/母线/避雷器一次、二次绝缘电阻符合现行《电气装置安装工程 电气设备交接试验标准》（GB 50150）的有关规定	绝缘电阻折算到20℃以下，不合格扣40分	
7		污秽	满足设备运行的要求	污秽严重扣20分；有明显放电痕迹扣30分；严重放电痕迹扣40分	
8		外观	绝缘件表面完好无破损	略有破损、缺失扣15分；有破损、缺失扣30分；严重破损、缺失扣40分	
9		凝露	加热器、温湿度控制器运行正常	1)非潮湿环境无除湿措施扣20分，潮湿环境开关柜无除湿措施扣30分； 2)加热器、温湿度控制器运行异常扣30分	
		$m_2=$　　；$K_F=$　　；$K_T=$　　；$M_2=m_2 K_F K_T=$　　；部件评估：			

附表 A.5（续）

序号	部件	状态量	标 准 要 求	评 分 标 准	扣分
10	操动系统及控制回路（P3）	绝缘电阻	机构控制或辅助回路绝缘电阻符合现行《电气装置安装工程电气设备交接试验标准》（GB 50150）的有关规定	绝缘电阻折算到20℃下，不合格扣30分	
11		分、合闸操作	操作正常	1）曾发生误分、合闸操作，原因不明扣20分； 2）发生拒分、合闸操作，原因不明扣40分	
12		联跳功能	正常、完好	1）回路中三相不一致扣20分； 2）熔丝联跳装置不能满足跳闸要求扣40分	
13		五防功能	正常	五防装置故障扣40分；不完善扣20分	
14		辅助触点动作情况	动作正常	1）卡涩、接触不良扣40分； 2）曾发生切换不到位原因不明扣10分	
	$m_3=$　　　；$K_F=$　　　；$K_T=$　　　；$M_3=m_3 K_F K_T=$　　　；部件评估：				
15	辅助部件（P4）	接地线外观	连接牢固，接地良好，接地线截面满足热稳定要求	1）接地不明显扣15分；连接松动、接地不良扣25分；出现断开、断裂扣40分； 2）接地线截面不满足热稳定要求扣30分； 3）接地线轻微锈蚀扣10分；中度锈蚀扣25分；严重锈蚀扣40分	
16		接地电阻	共用接地系统按最小值，且不大于初值的1.3倍	不合格扣30分	
17		带电显示	正常	失灵扣20分	
18		仪表指示	正常	失灵每项扣5分，最高扣40分	
	$m_4=$　　　；$K_F=$　　　；$K_T=$　　　；$M_4=m_4 K_F K_T=$　　　；部件评估：				
19	标识（P5）	标识齐全	设备标识和警示标识齐全、准确、完好	1）安装位置不正确扣5分； 2）标识错误扣30分； 3）无标识或缺少标识扣30分	
	$m_5=$　　　；$K_F=$　　　；$K_T=$　　　；$M_5=m_5 K_F K_T=$　　　；部件评估：				
综合评估结果：					

附表 A.5（续）

序号	部件	状态量	标准要求	评分标准	扣分
评估得分： $M=\sum K_p M_p (p=1,2,3,4,5)=$ 其中 $K_1=0.3, K_2=0.2, K_3=0.25, K_4=0.15, K_5=0.1$					
评估状态： □正常　　　□注意　　　□异常　　　□严重　　　□危险					
注意及以上设备原因分析（所有 15 分及以上的扣分项均在此栏中反映）：					
处理建议：					
评估人：			年　月　日	审核人：	年　月　日

附表 A.6 电容器单元状态评估评分表

设备命名：　　　　　　　　　设备型号：　　　　　　　　　生产厂家：
出厂编号：　　　　　　　　　生产日期：　　　　　　　　　投运日期：

序号	部件	状态量	标准要求	评分标准	扣分
1	套管（P1）	绝缘电阻	20 ℃时绝缘电阻符合现行《电气装置安装工程 电气设备交接试验标准》（GB 50150）的有关规定	绝缘电阻折算到20℃下，不合格扣40分	
2		接头温度	1)相间温度差不大于10K； 2)接头温度不大于75℃	1)相间温度差按下图扣分： 2)接头温度：(75℃,80℃]扣20分；(80℃,90℃]扣30分；>90℃扣40分； 3)合计取两项扣分中的较大值	
3		外观	无破损	略有破损、缺失扣15分；有破损、缺失扣30分；严重破损、缺失扣40分	
4		污秽	外观清洁	污秽严重扣20分；有明显放电痕迹扣30分；严重放电痕迹扣40分	
	$m_1=$　　；$K_F=$　　；$K_T=$　　；$M_1=m_1 K_F K_T=$　　；部件评估：				
5	电容器本体（P2）	温度	不超过产品出厂要求值（一般为55 ℃）	本体温度：(45℃,50℃]扣20分；(50℃,55℃]扣30分；>55℃扣40分	
6		鼓肚	无鼓肚	略有鼓肚扣20分；严重鼓肚扣40分	
7		锈蚀	无锈蚀	轻微锈蚀不扣分；中度锈蚀扣20分；严重锈蚀扣30分	
8		电容量	电容值偏差不超出出厂值或交接值的-5%~5%范围（警示值）	电容值偏差超出出厂值或交接值的-5%~5%范围（警示值），扣40分	
	$m_2=$　　；$K_F=$　　；$K_T=$　　；$M_2=m_2 K_F K_T=$　　；部件评估：				

附表 A.6（续）

序号	部件	状态量	标准要求	评分标准	扣分
9	熔断器（P3）	接头温度	1）相间温度差不大于10K； 2）接头温度不大于75℃	1）相间温度差按下图扣分： （图：横轴相同温度差(K)，纵轴扣分，10-40区间线性上升至30） 2）接头温度:(75℃,80℃]扣20分;(80℃,90℃]扣30分;>90℃扣40分; 3）合计取两项扣分中的较大值	
10		外观	无破损	略有破损、缺失扣15分；有破损、缺失扣30分；严重破损、缺失扣40分	
11		污秽	外观清洁	污秽严重扣20分；有明显放电痕迹扣30分；严重放电痕迹扣40分	
		$m_3=$　；$K_F=$　；$K_T=$　；$M_3=m_3 K_F K_T=$　；部件评估：			
12	投切开关及控制回路（P4）	开关投切状况	开关过零投切，自动控制正常	1）开关不满足过零投切控制要求扣20分； 2）开关自动投切控制不正常扣40分	
13		分合指示	手动连续操作3次，指示与实际一致	1次不正确扣20分；2～3次不正确扣40分	
14		绝缘电阻	控制回路绝缘电阻符合现行《电气装置安装工程 电气设备交接试验标准》(GB 50150)的有关规定	绝缘电阻折算到20℃以下，不合格扣30分	
15		仪表指示	正常	失灵每项扣5分，最高扣40分	
		$m_4=$　；$K_F=$　；$K_T=$　；$M_4=m_4 K_F K_T=$　；部件评估：			
16	接地（P5）	接地线外观	连接牢固，接地良好，接地线截面满足热稳定要求	1）接地不明显扣15分；连接松动、接地不良扣25分；出现断开、断裂扣40分； 2）接地线截面不满足热稳定要求扣30分； 3）接地线轻微锈蚀扣10分；中度锈蚀扣25分；严重锈蚀扣40分	
17		接地电阻	共用接地系统按最小值，且不大于初值的1.3倍	不合格扣30分	
		$m_5=$　；$K_F=$　；$K_T=$　；$M_5=m_5 K_F K_T=$　；部件评估：			

附表 A.6（续）

序号	部件	状态量	标准要求	评分标准	扣分
18	标识（P6）	标识齐全	设备标识和警示标识齐全、准确、完好	1)安装位置不正确扣5分； 2)标识错误扣30分； 3)无标识或缺少标识扣30分	
	$m_6=$ ； $K_F=$ ； $K_T=$ ； $M_6=m_6K_FK_T=$ ；部件评估：					

综合评估结果：

评估得分： $M=\sum K_p M_p (p=1,2,3,4,5,6)=$ 其中 $K_1=0.2, K_2=0.2, K_3=0.1, K_4=0.3, K_5=0.1, K_6=0.1$

评估状态：
□正常　　　□注意　　　□异常　　　□严重　　　□危险

注意及以上设备原因分析(所有15分及以上的扣分项均在此栏中反映)：

处理建议：

评估人：	年　月　日	审核人：	年　月　日

附表 A.7 电缆线路单元状态评估评分表

设备命名： 　　　　　　　　设备型号： 　　　　　　　　生产厂家：
出厂编号： 　　　　　　　　生产日期： 　　　　　　　　投运日期：

序号	部件	状态量	标准要求	评分标准	扣分
1	电缆本体（P1）	线路负荷	线路30min最大负荷不超过电缆线路的允许载流量	负荷超过80%线路允许载流量时扣20分；超过线路允许载流量时扣40分	
2		绝缘电阻	耐压试验前后，主绝缘绝缘电阻测量值不应有明显变化。与初值比没有显著差别	与初值比较降低：(10%，20%]扣10分；(20%，30%]扣20分；>30%扣40分	
3		外观	电缆外观无破损、无明显变形	轻微破损、变形每处扣5分；明显破损、变形每处扣25分；严重破损、变形每处扣40分	
4		防火阻燃	满足设计要求；一般要求不得重叠，减少交叉；交叉处需用防火隔板隔开	有3处及以上交叉无防火隔板隔开扣40分；仅1~2处交叉无防火隔板隔开扣20分	
5		埋深	满足设计要求	埋深不满足扣10分~30分	

$m_1=$ 　　；$K_F=$ 　　；$K_T=$ 　　；$M_1=m_1 K_F K_T=$ 　　；部件评估：

6	电缆终端（P2）	污秽	无积污、闪络痕迹	表面污秽扣10分；表面污秽严重但无闪络痕迹扣20分；表面污秽严重并闪络痕迹有电晕扣40分	
7		外观	完整无破损	略有破损、缺失扣15分；有破损、缺失扣30分；严重破损、缺失扣40分	
8		防火阻燃	进出建筑物和开关柜需有防火阻燃及防小动物措施	措施不完善扣20分；无措施扣40分	
9		电缆终端接头温度	1)相间温度差小于10K；2)接头温度小于75℃	1)相间温度差按下图扣分： 2)接头温度：(75℃，80℃]扣20分；(80℃，90℃]扣30分；>90℃扣40分； 3)合计取两项扣分中的较大值	

$m_2=$ 　　；$K_F=$ 　　；$K_T=$ 　　；$M_2=m_2 K_F K_T=$ 　　；部件评估：

10	电缆中间接头（P3）	温度	无异常发热现象	有异常发热现象扣30分	
11		运行环境	不被水浸泡和杂物堆压	被污水浸泡、杂物堆压，水深超过1m扣30分；仅有杂物堆压扣20分	

附表 A.7（续）

序号	部件	状态量	标准要求	评分标准	扣分
12	电缆中间接头（P3）	防火阻燃	满足设计要求；一般要求电缆接头采用防火涂料进行表面阻燃处理；相邻电缆上包阻燃带或刷防火涂料	措施不完善扣 20 分；无措施扣 40 分	
13		外观	中间头无明显破损	中间头有明显破损痕迹扣 40 分；中间头仅有轻微破损痕迹扣 30 分；	
		$m_3=$　；$K_F=$　；$K_T=$　；$M_3=m_3 K_F K_T=$　；部件评估：			
14	接地（P4）	接地线外观	连接牢固，接地良好，接地线截面满足热稳定要求	1）接地不明显扣 15 分；连接松动、接地不良扣 25 分；出现断开、断裂扣 40 分； 2）接地线截面不满足热稳定要求扣 30 分； 3）接地线轻微锈蚀扣 10 分；中度锈蚀扣 25 分；严重锈蚀扣 40 分	
15		接地电阻	共用接地系统按最小值，保护接地电阻不大于 10Ω，且不大于初值的 1.3 倍	不合格扣 30 分	
		$m_4=$　；$K_F=$　；$K_T=$　；$M_4=m_4 K_F K_T=$　；部件评估：			
16	电缆通道（P5）	电缆井环境	井内无积水、杂物；基础无破损、下沉，盖板无破损、缺失且平整	1）电缆井内积水未碰到电缆扣 10 分；井内积水浸泡电缆或有杂物扣 20 分；井内积水浸泡电缆或有杂物危及设备安全扣 30 分； 2）基础破损、下沉的扣 10 分～40 分；盖板破损、缺失、盖板不平整扣 10 分～40 分	
17		电缆管沟环境	无积水、无下沉	积清水扣 10 分；积污水扣 20 分；沟体下沉扣 40 分	
18		电缆桥架环境	桥架外观完好无锈蚀、无弯曲变形	稍微锈蚀、变形扣 10 分；中度锈蚀、变形扣 20 分；严重锈蚀、变形扣 40 分	
19		防火阻燃	满足设计要求；一般要求对电缆可能着火导致严重事故的回路、易受外部影响波及火灾的电缆密集场所，应有适当的阻火分隔	措施不完善扣 20 分；无措施扣 40 分	
20		安全距离	符合现行《电力工程电缆设计标准》（GB 50217）	不符合扣 10 分～40 分；存在安全隐患扣 40 分	
21		电缆线路运行环境	电缆线路通道的路面正常，电缆线路保护区内无施工开挖，电缆沟体上无违章建筑或堆积物	不符合扣 10 分～40 分	

附表 A.7（续）

序号	部件	状态量	标准要求	评分标准	扣分
		$m_5=$;$K_F=$;$K_T=$;$M_5=m_5 K_F K_T=$;部件评估：			
22	辅助设施（P6）	锈蚀	无锈蚀	轻微锈蚀不扣分；中度锈蚀扣20分；严重锈蚀扣30分	
23		牢固	各辅助构件安装牢固、可靠	松动不可靠扣30分；其他视实际情况酌情扣分	
24		标识齐全	设备标识和警示标识齐全、准确、完好	1) 安装位置不正确扣5分；2) 标识错误扣30分；3) 无标识或缺少标识扣40分	
		$m_6=$;$K_F=$;$K_T=$;$M_6=m_6 K_F K_T=$;部件评估：			

综合评估结果：

评估得分：
$M=\sum K_p M_p (p=1,2,3,4,5,6)=$
其中 $K_1=0.2, K_2=0.2, K_3=0.2, K_4=0.1, K_5=0.15, K_6=0.15$

评估状态：

□正常   □注意   □异常   □严重   □危险

注意及以上设备原因分析（所有15分及以上的扣分项均在此栏中反映）：

处理建议：

评估人：   年 月 日   审核人：   年 月 日

附表 A.8 电缆分支箱状态评估评分表

设备命名：　　　　　　　　设备型号：　　　　　　　　生产厂家：
出厂编号：　　　　　　　　生产日期：　　　　　　　　投运日期：

序号	部件	状态量	标 准 要 求	评 分 标 准	扣分
1	本体（P1）	绝缘电阻	耐压试验前后，主绝缘介质绝缘电阻测量值不应有明显变化。与初值比没有显著差别	与初值比较降低：(10%，20%]扣10分；(20%，30%]扣20分；＞30%扣40分	
2		放电声音	无异常放电声音	1)存在异常放电声音扣30分；2)存在严重放电声音扣40分	
3		凝露	不得出现大量露珠	1)出现少量露珠扣10分；2)出现较多露珠扣20分；3)出现大量露珠扣30分	
4		导体连接点温度	1)相间温度差不大于10K；2)接头温度不大于75℃	1)相间温度差按下图扣分： 2)接头温度：(75℃,80℃]扣20分；(80℃,90℃]扣30分；＞90℃扣40分；3)合计取两项扣分中的较大值	
5		污秽	满足设备运行的要求	有污秽扣10分；污秽较多扣20分；有明显放电痕迹扣30分；严重放电痕迹扣40分	
6		外观	完整无破损	有破损扣30分，严重破损扣40分	
	$m_1=$　　　；$K_F=$　　　；$K_T=$　　　；$M_1=m_1K_FK_T=$　　　；部件评估：					
7	辅助部件（P2）	五防	正常	五防装置故障扣40分；五防功能不完善扣20分	
8		防火阻燃	满足设计要求	措施不完善扣20分；无措施扣40分	
9		带电显示器	正常	失灵扣20分	
10		外壳	外观正常	有渗水扣15分；有漏水扣30分，有明显裂纹扣40分	
11		接地线外观	连接牢固，接地良好，接地线截面满足热稳定要求	1)接地不明显扣15分；连接松动、接地不良扣25分；出现断开、断裂扣40分；2)接地线截面不满足热稳定要求扣30分；3)接地线轻微锈蚀扣10分；中度锈蚀扣15～30分；严重锈蚀扣40分	

附表 A.8（续）

序号	部件	状态量	标准要求	评分标准	扣分
12	辅助部件（P2）	接地电阻	共用接地系统按最小值，保护接地电阻不大于10Ω，且不大于初值的1.3倍	不符合扣30分	
13		标识齐全	设备标识和警示标识齐全、准确、完好	1)安装位置不正确扣5分； 2)标识错误扣30分； 3)无标识或缺少标识扣40分	
14		外观	无锈蚀	轻微锈蚀不扣分；中度锈蚀扣20分；严重锈蚀扣30分	

$m_2=$　　　；$K_F=$　　　；$K_T=$　　　；$M_2=m_2 K_F K_T=$　　　；部件评估：

综合评估结果：

评估得分：
$M=\sum K_p M_p (p=1,2)=$
其中 $K_1=0.6, K_2=0.4$

评估状态：

□正常　　　□注意　　　□异常　　　□严重　　　□危险

注意及以上设备原因分析（所有15分及以上的扣分项均在此栏中反映）：

处理建议：

评估人：　　　　　　　　　　年　月　日　　　审核人：　　　　　　　　　　年　月　日

附表 A.9 构筑物及外壳状态评估评分表

设备命名： 投运日期：

序号	部件	状态量	标准要求	评分标准	扣分
1	本体（P1）	防水	屋顶及外壳体无渗漏水	有渗水扣15分；有漏水扣30分；有明显裂纹扣40分	
2		门窗完整	无破损	窗户及纱窗轻微破损扣5分；明显破损扣25分；严重破损扣40分	
3		防小动物	无破损	无挡鼠板扣20分；挡鼠板不规范扣10分	
4		污秽	满足设备运行的要求	污秽严重扣20分；有明显放电痕迹扣30分，严重放电痕迹扣40分	
5		锈蚀	无锈蚀	轻微锈蚀每处扣5分；明显破损每处扣25分；严重破损扣40分	
	$m_1=$ ；$K_F=$ ；$K_T=$ ；$M_1=m_1 K_F K_T=$ ；部件评估：				
6	基础（P2）	基础完整	井内无积水、杂物；基础无破损、沉降	1）电缆井内积水未碰到电缆扣10分；井内积水浸泡电缆或有杂物扣20分；井内积水浸泡电缆或有杂物危及安全扣30分； 2）基础略有破损扣10分；基础略有下沉扣20分；基础明显破损、下沉扣30分；基础严重破损、下沉扣40分	
	$m_2=$ ；$K_F=$ ；$K_T=$ ；$M_2=m_2 K_F K_T=$ ；部件评估：				
7	接地系统（P3）	接地线外观	连接牢固，接地良好，接地线截面满足热稳定要求	1）接地不明显扣15分；连接松动、接地不良扣25分；出现断开、断裂扣40分； 2）接地线截面不满足热稳定要求扣30分； 3）接地线轻微锈蚀扣10分；中度锈蚀扣25分；严重锈蚀扣40分	
8		接地电阻	共用接地系统按最小值，且不大于初值的1.3倍	不符合扣30分	
	$m_3=$ ；$K_F=$ ；$K_T=$ ；$M_3=m_3 K_F K_T=$ ；部件评估：				
9	通道（P4）	通道	通道正常，无堆积物	通道有一般堆积物扣20分，通道有可燃堆积物扣40分	
	$m_4=$ ；$K_F=$ ；$K_T=$ ；$M_4=m_4 K_F K_T=$ ；部件评估：				

附表 A.9（续）

序号	部件	状态量	标 准 要 求	评 分 标 准	扣分
10	辅助设施 （P5）	消防	灭火器完整	过期或缺失扣 20 分	
11		照明	完整	部分损坏扣 10 分；缺失扣 20 分	
12		强排风	完整、动作可靠	SF6 设备的建筑内缺少扣 30 分，装置位置不当扣 15 分	
13		排水	完整、动作可靠	地面以下的设施缺少排水装置扣 20 分	
14		除湿	完整、动作可靠	与设计不相符的扣 10 分	
15		标识	设备标识和警示标识齐全、准确、完好	1）安装位置不正确扣 5 分； 2）标识错误扣 30 分； 3）无标识或缺少标识扣 30 分	

$m_5=$　　　；$K_F=$　　　；$K_T=$　　　；$M_5=m_5 K_F K_T=$　　　；部件评估：

综合评估结果：

评估得分：
$M=\sum K_p M_p (p=1,2,3,4,5)=$
其中 $K_1=0.4, K_2=0.1, K_3=0.1, K_4=0.1, K_5=0.3$

评估状态：

□正常　　　□注意　　　□异常　　　□严重　　　□危险

注意及以上设备原因分析（所有 15 分及以上的扣分项均在此栏中反映）：

处理建议：

评估人：	年　月　日	审核人：	年　月　日

附表 A.10 设备状态评估评分表范例

设备命名：1号主变501开关（进线）　　设备型号：EP13 5.5kV 金属铠装开关柜　　生产厂家：法国欧奇
出厂编号：24335/54　　　　　　　　　生产日期：2004年12月　　　　　　　　投运日期：2005年4月

序号	部件	状态量	标准要求	评分标准	扣分
1	本体 (P1)	主回路直流电阻	主回路直流电阻测试值≤1.5倍初值（注意值）	初值差：(15%,30%]扣5分；(30%,50%]扣10分；(50%,100%]扣20分；>100%扣30分	—
2		绝缘电阻	20℃时，开关本体绝缘电阻符合现行《电气装置安装工程 电气设备交接试验标准》(GB 50150)的有关规定	绝缘电阻折算到20℃下，不合格扣40分	0
3		导体连接点温度	1)相间温度差不大于10K；2)接头温度不大于75℃	1)相间温度差按下图扣分：（图）2)接头温度：(75℃,80℃]扣20分；(80℃,90℃]扣30分；>90℃扣40分；3)合计取两项扣分中的较大值	0
4		放电声音	无异常放电声音	1)存在异常放电声音，扣30分；2)存在严重放电声音，扣40分	0
5		SF6气压	气压表指示在标准范围内	气压表在淡绿色（或黄色）区域扣20分；在红色区域扣40分	—

$m_1=100$；　　$K_F=1$；　　$K_T=0.912$；　　$M_1=m_1 K_F K_T=91.2$；　　部件评估：正常状态

序号	部件	状态量	标准要求	评分标准	扣分
6	附件 (P2)	绝缘电阻	20℃时，PT/CT/母线/避雷器一次、二次绝缘电阻符合现行《电气装置安装工程 电气设备交接试验标准》(GB 50150)的有关规定	绝缘电阻折算到20℃下，不合格扣40分	—
7		污秽	满足设备运行的要求	污秽严重扣20分；有明显放电痕迹扣30分；严重放电痕迹扣40分	0
8		外观	绝缘件表面完好无破损	略有破损、缺失扣15分；有破损、缺失扣30分；严重破损、缺失扣40分	0
9		凝露	加热器、温湿度控制器运行正常	1)非除湿环境无除湿措施扣20分；除湿环境开关柜无除湿措施扣30分；2)加热器、温湿度控制器运行异常扣30分	0

附表 A.10(续)

序号	部件	状态量	标 准 要 求	评 分 标 准	扣分
$m_2=100$;		$K_F=1$;	$K_T=0.912$;	$M_2=m_2 K_F K_T=91.2$;	部件评估:正常状态
10	操动系统及控制回路(P3)	绝缘电阻	机构控制或辅助回路绝缘电阻符合现行《电气装置安装工程 电气设备交接试验标准》(GB 50150)的有关规定	绝缘电阻折算到20℃下,不合格扣30分	0
11		分、合闸操作	操作正常	1)曾发生误分、合闸操作,原因不明扣20分; 2)发生拒分、合闸操作,原因不明扣40分	0
12		联跳功能	正常、完好	1)回路中三相不一致扣20分; 2)熔丝联跳装置不能满足跳闸要求扣40分	0
13		五防功能	正常	五防装置故障扣40分;不完善扣20分	0
14		辅助触点动作情况	动作正常	1)卡涩、接触不良扣40分; 2)曾发生切换不到位原因不明扣10分	−10
$m_3=90$;		$K_F=1$;	$K_T=0.912$;	$M_3=m_3 K_F K_T=82.08$;	部件评估:注意状态
15	辅助部件(P4)	接地线外观	连接牢固,接地良好,接地线截面满足热稳定要求	1)接地不明显扣15分;连接松动、接地不良扣25分;出现断开、断裂扣40分; 2)接地线截面不满足热稳定要求扣30分; 3)接地线轻微锈蚀扣10分;中度锈蚀扣25分;严重锈蚀扣40分	−10
16		接地电阻	共用接地系统按最小值,且不大于初值的1.3倍	不合格扣30分	0
17		带电显示	正常	失灵扣20分	0
18		仪表指示	正常	失灵每项扣5分,最高扣40分	0
$m_4=90$;		$K_F=1$;	$K_T=0.912$;	$M_4=m_4 K_F K_T=82.08$;	部件评估:注意状态
19	标识(P5)	标识齐全	设备标识和警示标识齐全、准确、完好	1)安装位置不正确扣5分; 2)标识错误扣30分; 3)无标识或缺少标识扣30分	0
$m_5=100$;		$K_F=1$;	$K_T=0.912$;	$M_5=m_5 K_F K_T=91.2$;	部件评估:正常状态
综合评估结果:					

附表 A.10（续）

序号	部件	状态量	标准要求	评分标准	扣分
评估得分： $M=\sum K_p M_p (p=1,2,3,4,5)=91.2\times0.3+91.2\times0.2+82.08\times0.25+82.08\times0.15+91.2\times0.1=87.56$ 其中 $K_1=0.3, K_2=0.2, K_3=0.25, K_4=0.15, K_5=0.1$					
评估状态： □正常　　☑注意　　□异常　　□严重　　□危险					
注意及以上状态设备原因分析（所有15分及以上的扣分项均在此栏中反映）：					
处理建议： 进行全面仔细巡视检查，并缩短巡视周期					
评估人：			年　月　日	审核人：	年　月　日

附录 B（资料性附录） 设备单元状态评估报告范本

公路特大桥梁供配电系统设备单元状态评估报告范本见附表 B.1～附表 B.9，设备单元状态评估报告范例见附表 B.10。

附表 B.1 油浸式变压器单元状态评估报告范本

管理单位：_____　　　　　　　　　　　运维单位：_____
单元名称：_____　　　　　　　　　　　评估日期：____年____月____日

单元概况	安装地点		投运日期	
	地区特征		重要程度	
	设备型号		额定容量	
	生产厂家		生产日期	
	出厂编号			

上次评估结果/时间	

本次评估结果						
部件评估指标	绕组及套管	分接开关	油箱及冷却系统	非电量保护	绝缘油	接地	标识
状态定级							
得分值							

单元评估结果：□正常状态　□注意状态　□异常状态　□严重状态　□危险状态

扣分状态量状态描述	
运行维护单位检修建议	

编制：　　　　　　　校核：　　　　　　　单位盖章

桥梁管理单位审核意见	

审核：　　　　　　　批准：　　　　　　　单位盖章

附表 B.2 干式变压器单元状态评估报告范本

管理单位：_____ 运维单位：_____
单元名称：_____ 评估日期：_____年____月____日

单元概况	安装地点		投运日期	
	地区特征		重要程度	
	设备型号		额定容量	
	生产厂家		生产日期	
	出厂编号			

上次评估结果/时间	

本次评估结果

部件评估指标	绕 组	分接开关	外壳及冷却系统	接地	标识
状态定级					
得分值					

单元评估结果： □正常状态　□注意状态　□异常状态　□严重状态　□危险状态

扣分状态量 状态描述	
运行维护单位 检修建议	 编制：　　　　　　校核：　　　　　　单位盖章
桥梁管理单位 审核意见	 审核：　　　　　　批准：　　　　　　单位盖章

附表 B.3 油浸式埋地变单元状态评估报告范本

管理单位：_____　　　　　　运维单位：_____
单元名称：_____　　　　　　评估日期：_____年____月____日

单元概况	安装地点		投运日期	
	地区特征		重要程度	
	设备型号		额定容量	
	生产厂家		生产日期	
	出厂编号			

上次评估结果/时间	

本次评估结果

部件评估指标	绕组及电缆终端	分接开关	油箱	温度保护	绝缘油	熔断器盒	接地	标识
状态定级								
得分值								

单元评估结果：　□正常状态　　□注意状态　　□异常状态　　□严重状态　　□危险状态

扣分状态量状态描述	

运行维护单位检修建议	

编制：　　　　　校核：　　　　　单位盖章

桥梁管理单位审核意见	

审核：　　　　　批准：　　　　　单位盖章

附表 B.4　干式组合式变压器单元状态评估报告范本

管理单位：				运维单位：			
单元名称：				评估日期：　　　年　　月　　日			

单元概况	安装地点				投运日期		
	地区特征				重要程度		
	设备型号				额定容量		
	生产厂家				生产日期		
	出厂编号						

上次评估结果/时间							
本次评估结果							
部件评估指标	绕组及电缆终端	分接开关	外壳	温度保护	熔断器盒	接地	标识
状态定级							
得分值							
单元评估结果： □正常状态　　□注意状态　　□异常状态　　□严重状态　　□危险状态							

扣分状态量状态描述	
运行维护单位检修建议	
	编制：　　　　校核：　　　　　单位盖章
桥梁管理单位审核意见	
	审核：　　　　批准：　　　　　单位盖章

附表 B.5 开关柜单元状态评估报告范本

管理单位：_____ 运维单位：_____
单元名称：_____ 评估日期：_____年___月___日

单元概况	安装地点		投运日期	
	地区特征		重要程度	
	设备型号		额定电流	
	生产厂家		开断电流	
	出厂编号		开断电流	
上次评估结果/时间				

本次评估结果					
部件评估指标	本体	附件	操动机构及控制回路	辅助部件	标识
状态定级					
得分值					

单元评估结果： □正常状态　□注意状态　□异常状态　□严重状态　□危险状态

扣分状态量状态描述	
运行维护单位检修建议	编制：　　　校核：　　　单位盖章
桥梁管理单位审核意见	审核：　　　批准：　　　单位盖章

附表 B.6 电容器单元状态评估报告范本

管理单元：_____　　　　　　　　　运维单位：_____
单元名称：_____　　　　　　　　　评估日期：____年___月___日

单元概况	安装地点		投运日期	
	地区特征		重要程度	
	设备型号		额定容量	
	生产厂家		生产日期	
	出厂编号			

上次评估结果/时间	

本次评估结果

部件评估指标	套管	本体	熔断器	投切开关及控制回路	接地	标识
状态定级						
得分值						

单元评估结果：　□正常状态　　□注意状态　　□异常状态　　□严重状态　　□危险状态

扣分状态量状态描述	
运行维护单位检修建议	

编制：　　　　　校核：　　　　　单位盖章

桥梁管理单位审核意见	

审核：　　　　　批准：　　　　　单位盖章

附表 B.7 电缆线路单元状态评估报告范本

管理单位：_____ 运维单位：_____
单元名称：_____ 评估日期：_____年____月____日

单元概况	安装地点		投运日期	
	地区特征		重要程度	
	电缆型号		电缆规格	
	生产厂家		额定电流	
	敷设长度		中间头数量	

上次评估结果/时间	

本次评估结果							
部件评估指标	电缆本体	电缆终端	电缆中间接头	接地系统	电缆通道	辅助设施
状态定级						
得分值						

单元评估结果： □正常状态　　□注意状态　　□异常状态　　□严重状态　　□危险状态

扣分状态量 状态描述	
运行维护单位 检修建议	

编制：　　　　　校核：　　　　　单位盖章

桥梁管理单位 审核意见	

审核：　　　　　批准：　　　　　单位盖章

附表 B.8　电缆分支箱单元状态评估报告范本

管理单位：_____　　　　　运维单位：_____
单元名称：_____　　　　　评估日期：_____年____月____日

单元概况	安装地点		投运日期	
	地区特征		重要程度	
	型号		电缆终端	
	生产厂家		额定电流	
	出厂编号			
上次评估结果/时间				
	本次评估结果			
部件评估指标	本体		辅助部件	
状态定级				
得分值				
单元评估结果：	□正常状态	□注意状态	□异常状态	□严重状态　□危险状态
扣分状态量状态描述				
运行维护单位检修建议				
	编制：	校核：		单位盖章
桥梁管理单位审核意见				
	审核：	批准：		单位盖章

附表 B.9 构筑物及外壳状态评估报告范本

管理单位：_____　　　　运维单位：_____

单元名称：_____　　　　评估日期：_____年____月____日

单元概况	安装地点		投运日期	
	地区特征		重要程度	
	结构类别		建筑面积	
	建造单位			

上次评估结果/时间	

本次评估结果

部件评估指标	本体	基础	接地系统	通道	辅助设施
状态定级					
得分值					

单元评估结果：　□正常状态　　□注意状态　　□异常状态　　□严重状态　　□危险状态

扣分状态量 状态描述	
运行维护单位 检修建议	编制：　　　　校核：　　　　单位盖章
桥梁管理单位 审核意见	审核：　　　　批准：　　　　单位盖章

附表 B.10 设备单元状态评估报告范例

管理单位:江苏润扬大桥发展责任有限公司机电维工区　　运维单位:江苏中压电气工程集团有限公司

单元名称:1号主变501开关(进线)　　评估日期:2016年03月06日

单元概况	安装地点	南岸桥区10kV配电房	投运日期	2005.4
	地区特征	夏季高温、潮湿	重要程度	特别重要设备
	设备型号	EP13中压保护柜	额定电流	300A
	生产厂家	法国欧奇	开断电流	5.5kA
	出厂编号	24335/54	生产日期	2004.12

上次评估结果/时间	正常状态/2013.10.5				
本次评估结果					
部件评估指标	本体	附件	操动机构及控制回路	辅助部件	标识
状态定级	正常状态	正常状态	注意状态	注意状态	正常状态
得分值	91.2	91.2	82.08	82.08	91.2
单元评估结果:	□正常状态	☑注意状态	□异常状态	□严重状态	□危险状态

扣分状态量状态描述	1.操动系统及控制回路:辅助触点曾发生切换不到位; 2.辅助部件:接地线轻微锈蚀
运行维护单位检修建议	利用停电期间,进行全面仔细地巡视检查,并缩短巡视周期 编制:　　　　校核:　　　　单位盖章
桥梁管理单位审核意见	仔细检查,确保设备运行状态可控,对接地线采取防腐措施 审核:　　　　批准:　　　　单位盖章

附录C(资料性附录) 整体设备状态评估报告范本

C.1 整体设备状态评估报告范本

管理单位：_____　　　运维单位：_____

设备名称：_____　　　评估日期：____年____月____日

一、设备概况

设备规模	
投运时间	
地理位置	
地区特征	
重要程度	
历年检修改造概况	
历年故障(障碍)简况	

评估单元数量			
×××单元	×个	×××单元	×个
×××单元	×个	×××单元	×个
×××单元	×个	×××单元	×个
…	…	…	…

二、评估结果

1. 各单元状态明细表

序号	单元分类	单元名称	型号规格	数量单位	得分	状态
1	×××单元					
2						
3						
4	×××单元					
5						
6						
7	×××单元					
8						
9						
10	…					
11	…					
12	…					

2.各单元状态汇总表

单元名称	单元总数	正常状态数量	注意状态数量	异常状态数量	严重状态数量	危险状态数量
×××单元						
×××单元						
×××单元						
×××单元						
×××单元						
×××单元						
…						
小计						

3.整体评估结果

□正常　　　　□注意　　　　□异常　　　　□严重　　　　□危险

三、扣分状态量描述

序号	单元名称	缺陷图文信息	扣分情况	状　态
1				
2				
3				
…				

四、检修策略

运行维护单位 检修建议	1)危险状态设备 …… 2)严重状态设备 …… 3)异常状态设备 …… 4)注意状态设备 …… 5)正常状态设备按规定周期开展检修 ……

桥梁管理单位 审核意见	1)危险状态设备 …… 2)严重状态设备 …… 3)异常状态设备 …… 4)注意状态设备 …… 5)正常状态设备按规定周期开展检修 ……

编制：　　　　　　校核：　　　　　　审核：　　　　　　批准：

C.2 整体设备状态评估报告范例

管理单位：<u>江苏润扬大桥发展责任有限公司机电维工区</u>　运维单位：<u>江苏中压电气工程集团有限公司</u>

设备名称：<u>　　　　镇江桥区中压开关站　　　　</u>　评估日期：<u>2016</u>年<u>11</u>月<u>16</u>日

一、设备概况

设备规模	ABB中置式开关柜10台、干式隔离变压器(SG-10/5.5kV-1600kVA)2台、 中压保护柜10台、直流屏2面		
投运时间	2005年4月		
地理位置	镇江桥区		
地区特征	桥区房建内		
重要程度	特别重要		
历年检修改造概况	无		
历年故障(障碍)简况	无		
评估单元数量			
10kV开关柜单元	10个	变压器单元	2个
5.5kV保护柜单元	10个	构筑物及外壳单元	1个

二、评估结果

1. 各单元状态明细表

序号	单元分类	单元名称	型号规格	数量单位	得分(分)	状态
1	10kV 开关柜单元	进线柜	ABB VM1 1212-31	2面	91.2	正常状态
2		联络柜	ABB VM1 1212-31	1面	91.2	正常状态
3			ABB IT	1面	91.2	正常状态

(续)

序号	单元分类	单元名称	型号规格	数量单位	得分(分)	状态
4	10kV 开关柜单元	PT柜	ABB PTT	2面	91.2	正常状态
5		馈线柜	ABB VM1 1206-25	4面	91.2	正常状态
6	5.5kV 保护柜单元	进线柜	EP13 SA	2面	91.2	正常状态
7		馈线柜	EP13 D	8面	91.2	正常状态
8	变压器单元	1号中压隔离变压器	SG-10/5.5-1600kVA	1台	91.2	正常状态
9		2号中压隔离变压器	SG-10/5.5-1600kVA	1台	91.2	正常状态
10	构筑物及外壳单元	中压开关站房建	砖混	1座	64.5	异常状态

2.各单元状态汇总表

单元名称	单元总数	正常状态数量	注意状态数量	异常状态数量	严重状态数量	危险状态数量
10kV开关柜单元	10	10	0	0	0	0
5.5kV保护柜单元	10	10	0	0	0	0
变压器单元	2	2	0	0	0	0
构筑物及外壳单元	1	0	0	1	0	0
小计	23	22	0	1	0	0

3.整体评估结果

☐正常　　　☐注意　　　☑异常　　　☐严重　　　☐危险

三、扣分状态量描述

序号	单元名称	缺陷图文信息	扣分情况	状态
1	构筑物及外壳单元	屋顶漏水	30分	异常状态

四、检修策略

运行维护单位检修建议	1)异常状态设备 房屋漏水,目前临时防水遮挡,11月20日之前天气情况良好,尽快安排房建修复。 2)注意状态设备 高低压开关柜及变压器等设备投运已有11年,考虑设备运行年数,在原有基础上,根据运行状况,可适当缩短巡检和例行试验周期,必要时增做部分诊断性试验。 3)正常状态设备 定期进行巡检和例行试验

(续)

桥梁管理单位 审核意见	1)异常状态设备 房屋漏水,目前临时防水遮挡,11月19日安排房建修复,电气运维单位配合,并做好安全防护措施。 2)注意状态设备 设备投运至今已有11年,考虑正常的绝缘老化,在原有基础上缩短巡检和例行试验周期,必要时增做部分诊断性试验(运维单位加强并上报试验计划)。 3)正常状态设备 定期进行巡检和例行试验

编制:　　　　　　校核:　　　　　　审核:　　　　　　批准:

用 词 说 明

1 本规程执行严格程度的用词,采用下列写法:
1) 表示严格,在正常情况下均应这样做的用词,正面词采用"应",反面词采用"不应"或"不得"。
2) 表示允许稍有选择,在条件许可时首先应这样做的用词,正面词采用"宜",反面词采用"不宜"。
3) 表示有选择,在一定条件下可以这样做的用词,采用"可"。
2 引用标准的用语采用下列写法:
1) 在标准条文及其他规定中,当引用的标准为国家标准或行业标准时,应表述为"应符合《××××××》(×××)的有关规定"。
2) 当引用标准中的其他规定时,应表述为"应符合本规程第×章的有关规定""应符合本规程第×.×节的有关规定""应按本规程第×.×.×条的有关规定执行"。